オウム真理教
偽りの救済

瀬口晴義
Haruyoshi Seguchi

集英社

オウム真理教

偽りの救済

装幀　三村漢

オウム真理教　偽りの救済　目次

＊本文中は原則として敬称略としました。すでに服役を終えている元信者については、著者の判断で仮名・匿名にしています。
また、法廷での証言など、取材メモから文章化した部分は、他の資料や文献と用字用語、文章表現などが異なる場合があります。

序章

■一枚の写真

白い布で包まれた箱の前に一枚の写真があった。

地下鉄サリン事件の実行犯だった広瀬健一が１９８３年４月、早稲田大学理工学部応用物理学科に入学した際に撮った記念写真だ。大隈重信の銅像を背景に、学生服姿で少し顔をこわばらせ、緊張した表情で写っている。オウム真理教に入信する前のことだ。

時計の針をこの時まで巻き戻すことはできないのか、と心から思った。私は彼と同じ年の生まれだ。何か歯車が狂っていれば逆の立場になっていても不思議ではない、とも感じた。

２０１８年９月２日の正午すぎ、死刑を執行された彼の少し早い四十九日法要が、両親の住む自宅で営まれた。朝から雨が降り続く蒸し暑い日だった。近隣の寺院から来た僧侶が読経をするだけの静かな法要だった。両親と妹、それ以外は私一人だった。

09年11月の死刑判決確定まで、私は広瀬と東京拘置所の面会室で何度も向き合い、手記を書いてもらったり、40通近い手紙をもらったりしていた。公判の取材を通じて、母親とも顔見知りだった。刑の執行後、焼香にうかがいたいと手紙に書くと、法要への出席を促された。

東京拘置所に残された遺品は段ボール15箱分。広瀬が自分の身体に起きた神秘的な現象のことを調べるため、依頼を受けた母親がいくつもの大学の図書館に通って集めた文献も大量にあった。裁判関係の資料が入った５箱は、刑事裁判の弁護人に引き取ってもらったという。一、二審の公判には欠かさず傍聴に通い、刑が確定した後は月に１度は面会に行っていたという母親は、拘置所に行けば今も会えるような気がしているという。

89年3月に出家してから29年。待ちわびた息子は遺骨となって戻ってきた。

「本当に勉強が好きでね。いつも帰ってくると机に向かっていた」と懐かしそうに昔を振り返った母親は、独り言のようにつぶやいた。

「お坊さんにお経を読んでもらったから、成仏しているよね」

解脱《げだつ》を求めて出家した広瀬は、成仏の意味をどう捉えていたのだろうか。そんなことを考えつつ、返す言葉を探しあぐねていた。


法要から約2カ月さかのぼる7月6日の朝、私はマナーモードに設定してある携帯電話を布団の上にずっと置きっ放しにしていた。家を出ようとして携帯をつかむと、電話の着信や伝言メモ、メールの受信の履歴がうんざりするほど入っていた。私の上司である東京新聞編集局長、本社の社会部デスク、地下鉄サリン事件の遺族である高橋シズヱからの着信もあった。

何が起きたのか、瞬時に理解できた。携帯電話でニュース速報を確認すると、オウム真理教元代表・麻原《あさはら》彰晃《しようこう》（本名・松本《まつもと》智津夫《ちづお》）の死刑執行を伝えていた。いつか来ると予期していたこととはいえ、腕の震えを抑えることができなかった。

麻原一人だけなのか。他に、誰が含まれているのか。法務省はどういう基準で選んだのか、何度も面会したことがある彼らは含まれているのか……。頭の中でめまぐるしく回転する想像と、朝刊の署名記事はどんな視点で書こうか、といった現実的な思考とがぐるぐると交錯した。

所用をキャンセルして会社に急行した。

後で知ったことではあるが、テレビのニュース番組は速報で死刑執行を伝え、選挙の当落報道のように顔写真に印をつけて報じている民放局もあったという。極悪のレッテルを貼られたオウム真理教の死刑囚とはいえ、死者の尊厳に少しは思いをはせてほしかった。

地下鉄サリン事件から四半世紀近くが過ぎていた。麻原とともに絞首刑になったのは早川紀代秀（68歳、執行当時。以下同じ）、新実智光（54歳）、井上嘉浩（48歳）、中川智正（55歳）、遠藤誠一（58歳）、土谷正実（53歳）の6人。それぞれ教団の「建設省大臣」「自治省大臣」「諜報省長官」「法皇内庁長官」「第一厚生省大臣」「第二厚生省大臣」を務めた幹部信者だった。

教祖と同日に元最高幹部6人の死刑を執行したことは、教団の後継団体に「教祖に殉じた高弟」という物語をつくる口実を与えた。残念なことだ。

■執行前日の酒盛り

執行前日の夜、赤坂の議員宿舎で開かれた「赤坂自民亭」の女将として、自民党の若手議員らに酒や料理を振る舞っていた政治家がいた。上川陽子法務大臣（当時）である。安倍晋三首相も同席していた。この日午後、気象庁が記者会見を開き、「非常に激しい雨が断続的に数日間降り続き、記録的な大雨となるおそれがあります」と警告を発していた。暴風雨の警戒のために気象庁がわざわざ記者会見を開き、警告するのは異例だった。

盛り上がった飲み会の様子を、西村康稔官房副長官が得意げにツイッターに流していた。豪雨被害が予想される中での、政府の要職を務める者を含む酒盛りは、緊張感に欠ける点で批判されてしかるべきだ。それ以上に、死刑執行の書面にサインをした法相が、執行の前の日に参加していたことが、私には衝撃だった。

7人の大量処刑への署名は、相当の重圧ではなかったか。それならば、なおのこと身を慎むべきだった。犯罪被害者基本法の制定などに尽力した気骨ある政治家と評価していただけに、その軽率さが信じ難かった。

死刑制度を廃止・停止しているEU諸国など外国からも強い批判を浴びた7人の執行の20日後、地下鉄サリン事件の実行犯である広瀬健一(54歳)、豊田亨(50歳)、林泰男(60歳)、横山真人(55歳)、坂本弁護士一家殺害事件の実行犯である岡崎一明(57歳)、端本悟(51歳)の6人の死刑も執行された。確定死刑囚13人全員が死刑になった。

死者29人、負傷者は6000人を超え、加害者として13人もの死刑が執行されたオウム真理教事件は戦後最大の刑事事件だ。警視庁創立140年を迎えた2014年の3月、警視庁は約5万人の職員を対象にアンケート調査を実施し、「首都140年の十大事件」を選んだ。1位・オウム真理教事件(1995年)、2位・東日本大震災(2011年)、3位・あさま山荘事件(72年)、4位・3億円事件(68年、未解決)、5位・大喪の礼/即位の礼・大嘗祭(89、90年)という順番だ。

以下は6位・オウム事件特別手配3人の逮捕（12年）、7位・世田谷一家殺害事件（00年、未解決）、8位・秋葉原無差別殺傷事件（08年）、9位・西南の役（1877年）、10位・八王子スーパー強盗殺人事件（95年、未解決）と続く。9位の西南の役は意外だが、鹿児島県出身者が多い警視庁らしいとも言える。

オウム事件は捜査側にとっても最も記憶に刻まれた歴史的事件だったのである。

■3大事件

オウム（AUM）とはサンスクリット語で、「宇宙の創造・維持・破壊」を意味する。「A」が宇宙の創造神ブラフマー、「U」が維持神ヴィシュヌ、「M」が破壊神シヴァを表すという。

オウム真理教は1984年にヨーガ教室「オウムの会」として発足した。その後、「オウム神仙の会」と改称し、87年7月に「オウム真理教」と名前を変えた。その2年後に東京都から宗教法人の認証を得た。地下鉄サリン事件を起こした95年3月の最盛期には出家信者が1400人、在家信者は1万4000人。ロシアにも3万人以上の信者がいたとされる。

事件を知らない若い世代のために、オウム真理教がどんな事件を起こしたのか、簡潔に振り返ってみたい（いずれも刑事裁判の確定判決に基づく）。

「3大事件」と呼ばれているのは、時系列で坂本弁護士一家殺害事件、松本サリン事件、地下鉄サリン事件だ。

▼坂本弁護士一家殺害事件

出家をめぐるトラブルが増え、信者の家族の相談に乗っていた横浜法律事務所の坂本堤弁護士（33歳、事件当時。以下同じ）の助言のもと「オウム真理教被害者の会」が結成された。その存在が教団の障害になると考えた教祖の麻原彰晃は、89年11月2日から3日にかけて、早川紀代秀、岡崎一明、村井秀夫ら教団幹部に坂本の殺害を指示した。

11月4日未明、早川らは横浜市磯子区のアパートに押し入り、坂本だけではなく妻の都子（29歳）と長男の龍彦（1歳2カ月）も殺害。遺体を新潟・名立町（当時）の山中、富山・魚津市の山中、長野・大町市の山中にそれぞれ服を脱がせて埋めた。

▼松本サリン事件

93年8月ごろ、神経ガスである「サリン」の生成に成功した教団は、創価学会の池田大作名誉会長の暗殺を2度試みたが失敗。また、教団を批判していた滝本太郎弁護士を殺害しようとその車にサリンを噴霧したが、狙ったほどの効果はなかった。次に標的になったのが長野地裁松本支部の裁判官官舎だった。教団の支部道場の開設をめぐって住民との間で訴訟があり、長野地裁松本支部は住民側が申請した仮処分の一部を認め、本訴訟でも教団の敗訴が予想されていた。

94年6月27日夜、松本市北深志の住宅街で、麻原の指示を受けた村井、新実智光らがサリンの実験も兼ねて、改造した車両から加熱して気化させたサリンを噴霧。８人が死亡、約６００人が重軽症を負った。長野県警が第一通報者だった河野義行の自宅を被疑者不詳のまま殺人容疑で捜索。河野を犯人視する報道が相次ぎ、報道被害が大きくクローズアップされた。

▼地下鉄サリン事件

95年2月、出家をめぐるトラブルから、教団は女性信者の兄である目黒公証役場事務長の仮谷清志（68歳）を東京・品川区の路上で拉致、警視庁が捜査に乗り出すことになった。この事件の強制捜査が近いことを察知した麻原は、3月18日未明、東京から山梨・上九一色村（当時）の教団施設に戻るリムジンの中で、捜査を攪乱《かくらん》する方法を教団幹部と相談。地下鉄にサリンをまくという提案を受け、麻原は遠藤誠一にサリンの製造を命じ、村井に実行を指示した。

実行役に選ばれた広瀬健一、豊田亨、林泰男、林郁夫、横山真人の5人が3月20日午前8時ごろ、地下鉄霞ケ関駅を通る日比谷線、千代田線、丸ノ内線の3路線5車両にそれぞれサリンをまき、13人が死亡、6000人以上が負傷した。市民を標的に化学兵器を使用した無差別テロ事件として、世界を震撼《しんかん》させた。

教団は、仮谷を拉致監禁した後、麻酔薬を投与。妹の居所を自白させようとしたが果たせなかった。仮谷は麻酔薬の過剰投与によって死亡、遺体は焼却され、骨や灰は本栖湖に流された。

このほか、「オウム真理教被害者の会」の代表だった永岡弘行、教団が「スパイ」と疑った男性、脱会しようとした信者を支援した男性を、教団施設で製造した猛毒の神経ガス「ＶＸ」で次々と襲撃し、一人を殺害、永岡ら二人に重傷を負わせた。戦争のために開発されたＶＸが実際に使われ死者が出たのは、世界で初めてだと言われている。

また、教団は施設内でも出家信者を何人も殺害している。事実無根のスパイ容疑を掛けられ、拷問を加えられた上で殺害された者もいる。「イニシエーション」と呼ばれる儀式に使用するために、麻酔薬や覚醒剤、幻覚剤のＬＳＤやメスカリンなども密造した。サリン70トンを量産するためのプラント建設や自動小銃の密造も、教団は並行して進めていた。

■異例の幕切れとなった「世紀の裁判」

これらの事件の首謀者として17件の罪で起訴された教祖・麻原彰晃を裁く法廷は、「世紀の裁判」と呼ばれた。しかし、麻原は罪と向き合う姿勢を見せないまま、事件から約９年後の２００４年２月に東京地裁で死刑判決が下された。

控訴審では二人の私選弁護人がついたが、審理に入ることなく裁判は打ち切られた。二審を進めるために必要な手続きである控訴趣意書を、弁護団が期限までに出さなかったという理由だった。世界の注目を集めた裁判は、一審だけで終結する極めて異例の幕切れとなった。子どもの喧嘩のような高裁の審理の進め方について、後世の評価に堪えうるのか、私は疑問を持つ。

麻原は08年ごろから、10年近く家族や弁護人と会っていない。刑事訴訟法４８０条は、刑の言い渡しを受けた者が心神喪失状態の場合、状態が回復するまで刑の執行を停止すると定めている。執行に耐えうる精神状態だったのか、との疑問が膨らむ中での死刑執行だった。執行を決めるに当たり、麻原の心身の状態についてどのような検討がなされたのか、死後の神格化を進めないためにも、法務省は十分な説明責任を果たさなくてはならない。

一方、死刑執行の直前に語った内容などについては、メディアの情報公開請求に対しても、法務省は黒く塗りつぶした文書しか公開していない。麻原が実際に何を語ったのか、その精神状態と同様に正確に伝える責任があると思う。

執行の直前に、遺体の引き取り手を拘置所側から聞かれた麻原が挙げたのは、四女の名だったという。妻や三女らは、麻原は遺言を伝えられるような精神状態とは考えられず、父母との縁を切った四女の名を挙げることはあり得ないと、反発した。

麻原は、自身の裁判で何もしゃべらなかったわけではない。初公判から1年後、罪状について「認否をしたい」と、突然、言い出した。麻原の口から出たのは英語交じりの、弟子への責任転嫁の言葉だった。自らの指示によってテロ事件を起こしたことを認めた上で、殺人を正当化する宗教思想を主張するという選択肢もあった。しかし、麻原はその道を選ばず、弟子への責任転嫁を選んだ。この後、自身の公判で意味のある言葉は一度も発しなかった。沈黙の世界に逃げ込んだのは、麻原自身の意志だ。

私は地下鉄サリン事件以降、断続的にオウム真理教事件の取材を続けてきた。新聞記者は定期的に異動があり、同じ事件を追い続けることは難しい。断続的とはいえ、長く取材にかかわることができたオウム事件は、記者としての私のライフワークの一つとなった。

取材の過程で、地下鉄サリン事件の実行犯である広瀬健一、林泰男、坂本弁護士一家殺害事件の実行犯である早川紀代秀、岡崎一明のほか、無期懲役や有期刑を受けた被告たちにも面会したり、手紙のやり取りを重ねたりしてきた。交わした書簡は400通を超えるだろう。解脱や悟りを求めて出家した彼らがなぜ人の命を奪ったのか。それが知りたかった。

事件にかかわらずに済んだ元出家信者20人以上からも、繰り返し話を聞いた。刑事裁判以外のところに、本質的なことが潜んでいる、という直感があったからだ。

麻原を「師」に選ばなければ、死刑になった12人は実直に生きてそれぞれの立場で社会に貢献した人たちだ、と私は断言できる。彼らは罪を裁かれるべき加害者であると同時に、麻原に人生を奪われた被害者の面も併せ持つ。これがオウム事件の本質だ。

■欲望の象徴

地下鉄サリン事件から約7カ月後の1995年10月30日、私は東京地裁で教団元幹部・杉本繁郎の初公判を取材していた。麻原の運転手も務めた側近の一人だ。地下鉄サリン事件の運転手役で、信者のリンチ殺害事件にも関与したとして、殺人罪などで起訴されていた。

罪状認否の後、ジャージ姿の杉本は長文の上申書を読み上げた。そこに出てきた一つの言葉に引っ掛かりを覚えた。

「教団にいた者すべてが教祖の歯車となり、教祖のため、あるいは真理のため、そして自らの欲望を満たすためにそこに集合していたのです。教祖は私たち信者の『欲望の象徴』であった、と考えています」

オウム事件を考える上で「欲望の象徴」という言葉がキーワードになるのではないか、と感じた。欲望を滅することを目指したはずなのに、なぜ欲望を消し去ることができなかったのか。麻原に帰依すれば「解脱者」や「超能力者」になれるという期待もあっただろう。修行のステージ（段階）を上げたい、「ワーク」（教団運営のための仕事）で実績を残したいというレベルから、化学の知識を駆使してより威力の大きい毒ガスをつくりたい、というレベルまで、滅すべき欲望はむしろエスカレートしていったのではないか。そして、彼らの「欲望の象徴」が麻原彰晃だった。

極貧の少年時代、視力障害、逮捕歴……。麻原の中に生まれた破壊願望は、自らを「救世主」であると信じ込む妄想とともに膨れ上がった。だが、彼の特異なパーソナリティーだけで果たしてこれほどの事件が起こせたのか、という疑問を私は持ち続けてきた。

杉本は、「麻原の狂気性に同調した我々弟子がいたからこそ事件は引き起こされた」と回想した。ある元出家信者の女性は、私の取材に「私たちが『尊師《そんし》』を必要としていたから、松本智津夫が『尊師』になれた」と語った。教祖と彼を支えた弟子たちの関係を、坂本弁護士一家殺害事件の実行犯だった端本悟は「共同幻想」という言葉で表現した。

「貧・病・争」の克服を目指した戦後の新宗教とは対照的に、オウムに魅力を感じた若者たちは「生のむなしさ」への解答を求めていた。心のありようよりも、経済を優先する享楽的な社会の変革を願う純粋な若者たちの疑問に、麻原は断定調で答えた。強い父性が若者たちを吸い寄せた。

厳密な心理学上の定義はともかく、教祖と弟子の関係は「共依存」という言葉がしっくりくるように思う。バブル経済の全盛期、存在を素直に肯定できない空虚さを秘めていた弟子たちと、強烈な支配欲を胸にいだいていた教祖。双方の周波数がぴたりと同調した。その結果、教祖と弟子たちの間に膨れ上がった「救済幻想」は制御不能になってしまった、と私は考えている。

杉本は96年12月6日、麻原公判に証人出廷した際に、「もういいかげん、救済ごっこ、真理ごっこ、くだらない宗教ごっこをやめて目を覚まし、同じ過ちを繰り返さないでほしい」と教団に残っている信者に呼び掛けた。

90年の衆議院議員選挙に麻原以下25人が出馬した際の選挙運動のパフォーマンスや、ホーリーネーム※で呼び合う姿、国家の組織を模した「省庁制※」など、彼ら自身は本気だったかもしれないが、教団のやっていることにはどこか子どもじみたところが確かにあった。起こした事件の残虐さの一方、思いつきで犯行に及ぶような妙な滑稽さが同居していた。出家信者の多くは社会経験がなかった。世間知らずでありながら、彼らは社会を敵視していた。救済ごっこ、宗教ごっこが凶悪な組織犯罪に反転したのは、サリンやVXなどを開発する頭脳を持った信者を強引に出家させ、自由に化学兵器を開発できる資金力を有していたからにほかならない。

サリンの量産プラントは完成間近まで建設が進んでいた。70トンのサリンが生成され、地球上にまかれていたら、犠牲者の数は万単位、十万単位では済まなかったかもしれない。それだけの大量破壊兵器を、オウム真理教はほぼ手中にしていたのだ。

さらに、国松孝次警察庁長官狙撃事件（95年、未解決）の捜査の迷走、坂本弁護士一家殺害事件の初動捜査の失敗、松本サリン事件の後、地下鉄サリン事件を防げなかった治安・情報機関としての失態……。事件は警察組織の「闇」もあぶり出した。この点も本書では考察したい。

※ホーリーネーム
本名とは別に、教団内で呼ばれた宗教名。一定の修行ステージに達したと麻原が認めた者に与えられた。井上嘉浩は釈迦を看取った高弟にちなんで「アーナンダ」、遠藤誠一は釈迦の侍医にちなんで「ジーヴァカ」の名前を授けられた。釈迦の弟子やチベット仏教の修行者などに由来する名前が多い。

※省庁制
教団が94年に国家行政組織を模して採用した組織の仕組み。麻原の「神聖法皇」を頂点に、兵器を開発する「科学技術省」、軍事訓練やスパイ摘発を担当する「自治省」などの省庁を設け、大臣や次官の役職に幹部が任命された。麻原は日本を壊滅させた後を担うオウム国家の憲法草案を起草するよう、幹部らに指示した。

■「闇」を強調するよりも

なぜ私たちの社会はオウム事件を防げなかったのか、なぜ解脱や悟りを目指した生真面目な若者たちが暴走してしまったのか、行政の対応やマスメディアの報道に問題はなかったのか――。多くの疑問に、刑事裁判とは別に、宗教学や社会学、心理学、精神医学など、さまざまな分野の専門家を総動員し、死刑囚からも聞き取りをして、あらゆる角度から光を当てる検証作業を始めるべきだ、と繰り返し私は書いてきた。

しかし、国は権力の意志として「生き証人」をこの世から消した。生き証人を活用し、検証作業に取り組んだのは、テロ防止の観点から死刑囚に聞き取りをした米国の専門家だけだった。

刑事裁判には限界がある。宗教的確信に基づいて実行された事件としての掘り下げ方は、十分とは言えなかった。刑法から離れて宗教的な視点で見ると、「最終解脱者」と称した麻原の下で、人を殺すことが「救済」であるという「ヴァジラヤーナの教義」（第4章・第5章で詳述）を信じたからこそ、弟子は無差別殺人をも辞さなかったのである。早川紀代秀は自著『私にとってオウムとは何だったのか』（川村邦光との共著、ポプラ社、2005年）で以下のようなメッセージを残した。

〈オウム事件は、どんな気狂いじみた（原文ママ）ことであっても、それはグルの宗教的動機から起こっていったということ、そしてグルへの絶対的帰依を実践するというグルと弟子の宗教的関係性によって、弟子がグルの具体的な指示、命令に従って事件を起こしていったということ。この二点は、二度とこのような事件が起こらないためにも、見誤ることなく、きちんと理解していただけたらと思います〉

私が本書を執筆した動機には、早川が提起したこういった問題意識に応えたいという点もある。

麻原の右腕だった「科学技術省大臣」の村井秀夫が1995年4月に殺害され、教祖が沈黙したことで、地下鉄サリン事件の事前謀議など、未解明な部分が残されたことは確かだ。一方、人生を真面目に考えていた若者たちが神秘体験を通じて教祖に取り込まれてゆく状況や、薬物を使った違法な修行の実態、教団が武装化に至った経緯などについては、公判での弟子たちの詳細な証言を通じて多くの「闇」に光が当てられた、と私は思う。

残された「闇」を嘆くよりも、解明された事実を共有する仕組みを考える方が再発防止には有益だ。公判での証言や彼らが残した手記は、破壊的カルトの恐ろしさを学ぶ格好の材料だ。ジャーナリストや、宗教学や社会学を研究する人たちにとっても、貴重な財産となるだろう。

裁判での証言は公判調書に逐一記録されているが、裁判記録を管理する検察庁の姿勢は、あきれるぐらい後ろ向きだ。インターネットを通じて、誰でも簡単にこうした資料にアクセスできるようにする方法を考えたい。刑事裁判の記録は、検察庁のものではなく国民のものである。残された資料を基に研究者が論文を書き、カルト宗教に対して注意喚起をする。その情報を大学に提供するなど、社会にフィードバックする体制を整備することが、事件から学ぶためには重要だろう。

■オウム化する世界

戦後50年の節目に起きた阪神大震災と地下鉄サリン事件は、日本の「安全神話」を打ち砕き、社会の空気を一変させた。地下鉄サリン事件後の一時期、テレビのワイドショーは教団幹部を生出演させ、彼らの言い分を裏も取らずに垂れ流した。視聴率が取れたからだ。

新聞では一般紙もスポーツ紙も、1年以上、紙面からオウム真理教の記事が消えることはなかった。週刊誌も同じだ。マスメディアの売り上げを伸ばしてくれた「オウムバブル」は、やがて弾ける。社会の関心が薄れて利用価値が失われると、オウムは理解不能な「異物」として排除される存在になった。宗教家を騙《かた》った詐欺師にだまされた愚かな連中が起こした事件、という分かりやすい物語に回収されてしまったように思える。

オウム事件当時からの最も大きな変化は、インターネットの普及である。事件当時、新聞の発行部数は最大で、週刊誌の部数も多かったが、今や新聞や雑誌メディアの衰退は著しい。ニュースはインターネットのニュースサイトで見る人が多くなった。広告料を得るために、多くのページビューが稼げるスポーツや芸能の話題が上位に来て、国家権力の監視など本当に重要なニュースは隅に追いやられている。

SNSなどでは、荒唐無稽としか思えないフェイクニュースが真実であるかのように飛び交う。見たいものしか見ない人が増え、違う意見を持つ相手との議論は成り立たなくなってきた。「ローマ法王がトランプ氏支持を表明した」というフェイクニュースは、2017年のトランプ米国大統領誕生に大きな影響を与えたとされる。

一方的にレッテルを貼り、複雑な要素を見ようとしない「善悪二元論」的な単純思考が進んだのは日本も同じだ。政府に異を唱えると、政府を支持する者たちからネット上で激しい攻撃を受けることは日常茶飯事だ。国民を仲間と敵に分断する政治が、世界中で大きな力を持つようになった。

オウム真理教は一人一人の個の豊かさを見ようとしなかった。人をデータの蓄積としてしか見なかった結果、生まれた発想が「グル（師）のクローン化」だ。普通に暮らしている人々を「凡夫」と見下していた教団には、外部との対話の回路は存在していなかった。教団は教祖の妄想から作り出された不可解な価値観を、教団外の人々に力ずくで押し付けようと暴走し、破滅した。インターネットによって激変した社会のありようは、麻原が武力で築こうとした善悪二元論的な世界に少しずつ近づいているような気がしてならない。

物質的な豊かさだけが優先される社会に疑問を感じていた若者の心の空虚さ、閉塞感を神秘体験を通じて埋めようとした怪物が麻原だった。将来的にはＡＩが多くの職業を奪ってゆくことが予想されている。今後、私たちが直面する閉塞感は増すことはあっても、減じることはないだろう。

後継団体の「アレフ」には、事件を知らない若い世代が今も入信しているという。形を変えた第二の麻原が社会のどこかに出てきてもおかしくない。それは宗教の形を取るとは限らない。

13人の死刑が執行された今、戦後最大の刑事事件の背景を私なりの視点から捉え直してみたい。オウム真理教は間違いなく戦後の日本社会から生み出されたのだから。

第1章

時代

■高度成長と学生運動

私が生まれた1964年に東京五輪が開催された。82歳で亡くなった父は、赤ん坊の私を抱いてエチオピアのマラソン選手アベベが走る姿を沿道に見に行ったと自慢げに語っていた。もちろん私に記憶はない。70年の大阪万博はしっかりと記憶に残っている。東京から大阪まで見物に行った父から、土産話をたくさん聞かされ、「太陽の塔」などの写真も見せられたからだ。「みかん箱一つだけ抱えて九州から上京してきた」。それが父の若いころの口癖だった。勤めていた製本工場から独立して、東京・大岡山で従業員数人の小さな町工場を始めた。私たち家族はその2階の狭い家に4人で住んでいた。

高度成長時代の波に乗り、工場は少しずつ規模を広げた。中卒の個性豊かな職人たちが遊び相手になってくれた。父の稼ぎによって私は大学まで卒業させてもらい、新聞社に就職した。あの時代には無数にあった物語だろう。

戦争の悲惨さを知る父たちの世代が焼け跡から復興に立ち上がり、日本は高度成長を成し遂げた。その一方で、「団塊の世代」の大学生を核とする戦後世代は、マルクス主義のイデオロギーを基盤として社会の変革を目指した。60年安保、70年安保と呼ばれる時代だ。68年は米国ではキング牧師、ロバート・ケネディ上院議員が相次いで暗殺され、ベトナム戦争が泥沼化した。そんな時代背景の中で起きたのが、大学闘争だった。

60年代後半、日本各地の大学ではストライキ、バリケードによる学内施設の封鎖などが行われ、学生と機動隊の衝突も頻発した。安田講堂を学生たちが占拠した東京大学では69年1月、機動隊が投入され、多くの学生が警察署の留置場にぶちこまれた。新聞社でも私より一回り上の世代には、デモに参加して逮捕され、留置場に入った経験を語る人が少なからずいた。

２０１８年6月30日の東京新聞夕刊社会面に、70年代の学生運動で紛失した東大の学徒動員資料が返却された、という記事が載った。こんな内容だ。

〈学生運動の混乱で紛失した東京大農学部（東京都文京区）の学生の学徒動員に関する冊子が、保管していた元学生から二〇一五年に大学側に返却されたことが分かった。学生運動で紛失した資料が戻された例は珍しいという。（略）

文書館によると、冊子を返却したのは、元東大全共闘議長で科学史家の山本義隆さん（76）。山本さんは一九七〇年代に非常勤職員の待遇を巡る大学側と職員側の闘争に関わった。職員や支援する学生が農学部の一室を拠点として使用した際、部屋の資料などを移動、学徒動員の冊子は山本さんが持ち帰り、保管していた（略）〉

山本義隆は、東大全共闘の議長として当時の学生運動のリーダーの中でも著名な存在だった。3・11の東日本大震災後、科学史家として原発に関する優れた論考『福島の原発事故をめぐって　いくつか学び考えたこと』（みすず書房、11年）なども発表している。

紙面化されたこと自体はよかったのだが、土曜日の夕刊社会面の2段というとても地味な扱いだった。取材したのは30代前半の記者で、50代のデスクも整理記者も興味深いニュースとは思わなかったらしく、自分としては内心ショックだった。

全共闘運動に思い入れがない私の感覚でも、社会面トップは飾れる記事だ。平成が終わる時、昭和の学生運動は遠い出来事なのだと痛感した。オウム真理教の事件も、天皇の代替わりを経験した若い世代にとっては平成時代の古い事件ということになるのだろうか。

■学生運動の挫折とニュー・エイジ

世界各国で同時多発的に起こった学生運動を称した「スチューデント・パワー」。日本での主役は、団塊の世代だった。安倍晋三首相の祖父である岸信介首相時代、日米安保条約の改定をめぐって国会をデモ隊が何重にも取り囲むなど盛り上がりを見せたが、1970年に日米安保条約が自動延長すると、運動は次第に下火となった。

そして、連合赤軍事件や対立するセクト同士の内ゲバの激化によって、左翼思想への幻滅が生まれ、イデオロギーの時代は終焉を迎える。私の小学生時代、何人もの学生が対立セクトに襲われ、命を失った内ゲバの現場が家の近くにあった。長野・軽井沢町の山荘に機動隊が鉄球を打ち込む連合赤軍による「あさま山荘事件」のテレビ中継。その場面とともに、陰鬱なモノクロームの印象として心に残っている。

70年代から80年代は公害や資源の枯渇など、物質文明がもたらした負の側面を直視しようという内省的な意識が高まった時代と言えるだろう。86年4月に発生し、放射性物質を全世界にまき散らしたソ連のチェルノブイリ原発事故もこうした意識に影響を与えた。

その後、世界各地に広がったのが「ニュー・エイジ」「ニュー・サイエンス」などと呼ばれるムーブメントだった。ごく端的に言えば、「自分が変われば世界が変わる」という考え方である。社会に働き掛けて、社会を変えていくことが難しいならば、自己のあり方を変えることで見える世界を広げていこう、という発想の転換と言えるかもしれない。

70年代半ばから、「宇宙戦艦ヤマト」など地球滅亡や宇宙戦争をテーマにしたアニメも流行していた。小松左京の著書『日本沈没』(光文社、73年)もベストセラーとなり、映画も大ヒットした。公害も身近にあった。光化学スモッグ注意報の発令により、放課後、学校の校庭で遊べないという経験をした人も40、50代には少なくないだろう。ユリ・ゲラーの「スプーン曲げ」などの超能力ブームや超常現象、UFOなどのオカルトブームもこうした流れの中にあった。

オカルト雑誌の草分けである『ムー』(学研)の発行が始まったのが79年。『トワイライトゾーン』(ワールドフォトプレス)、『マヤ』(学研)、『ワンダーライフ』(小学館)などの創刊が相次いだ。「こっくりさん」や心霊写真ブームもあった。

ニュー・エイジやニュー・サイエンスの潮流の根底にあったのは、近現代の世界を主導してきた西洋文明への懐疑だ。そして、あらためて見直されたのが身体性である。人間の身体には科学では解明できない隠された能力があるのではないか。こうした期待は、若者たちのヨーガやチベット仏教など、東洋的なものへの接近へとつながっていく。60年代半ば以降、人気絶頂だったビートルズが、シタールなどインドの楽器を採り入れた曲をアルバムに収めたり、インドのマハリシ・マヘッシュ・ヨーギ※に接近しヨーガを学んだりしたことが象徴的だ。

世紀末が近づいているという意識も高まった。73年に刊行され、大ベストセラーになった五島勉の『ノストラダムスの大予言』※（祥伝社）は続編も次々に登場し、「終末論」はナイーブな若者だけでなく、大人たちにも影響を与えた。

※マハリシ・マヘッシュ・ヨーギ
超越瞑想、いわゆる「TM」を広め、ニュー・エイジの潮流の一翼を担ったインド人宗教指導者。2008年に死去。

※『ノストラダムスの大予言』
ルネサンス期フランスの医師で占星術師だったミシェル・ノストラダムス。その予言詩に、作家の五島勉が独自の視点から分析を加えた一種の「超訳」本。「1999年7の月に恐怖の大王が空から来る」という字句を人類滅亡の予言と解釈した。

■ノストラダムスの大予言

米ソという超大国による核戦争の危機、ベトナム戦争での枯れ葉剤など非人道的兵器の使用、枯渇する石油資源、経済的発展の「負の遺産」として世界に広がった大気汚染や水質汚染……。いつ滅亡しても不思議ではないような社会不安を、人類は抱えていた。

『ノストラダムスの大予言』は最後の数ページで、西洋キリスト教文明に対置し得る東洋思想の実践などによって地球が救われる可能性を説いていたが、20世紀末の人類滅亡を真剣に受け止めた人は少なくなかっただろう。１９７０年代の子どもの日常を描いた漫画『ちびまる子ちゃん』（さくらももこ、集英社、86～２０１５年）にも、ノストラダムスが出てくる。

予言を信じたまる子は、予言通り人類が滅亡するなら「算数ができてもできなくても同じじゃん」と開き直り、一生を遊んで暮らす、と宣言するのだ。翌日に苦手な算数のテストがあるのに、知らん顔して漫画の『ドラえもん』を読みふける。予言が外れたら、ただのバカな大人として残りの人生を過ごすのよ、と姉から諭され、慌てて分数の勉強を始める姿が描かれている。ノストラダムスの影響は、まる子の暮らす静岡の小学生たちの間にも浸透していたのだ。

私自身も高校生のころ、一連のノストラダムス本を貪り読み、１９９９年に地球が滅びることを信じ、「あと20年しか人生が残っていない」と絶望感に陥った一人だ。読書感想文にもノストラダムス本の感想を書いた。

地球を救うためには何か行動を起こさなくてはと危機感を覚え、将来は政治家になって自民党の悪政を打ち破らなくてはならない、と血気盛んだった。当時、自民党を離党した河野洋平らがつくった新自由クラブの清新な雰囲気にあこがれ、政治家になるなら新自由クラブからだな、などと夢想していた。

大学生になり、目指していた新聞社に就職すると、多忙のあまりノストラダムスの予言のことなどすっかり忘れていた。気付いたら1999年は人類が破滅することなく過ぎていた。

本書を書き下ろすに当たって、『ノストラダムスの大予言』を読み直してみようと思い電子書籍を購入してみた。

〈私の1999年人類破滅解釈は間違っていたわけで、それで多くの人を恐れさせたり不安にさせたことを本当に申しわけなく思う〉

「電子版のためのまえがき」で筆者の五島は素直に謝罪している。

おやっ、と思いながら読み進めると、解釈が間違っていても、数多くの予言を的中させてきたノストラダムスの「1999年の詩」は決して間違っていない、と断言するのだ。

なぜか。内容の年数に多少のズレがあったとしても、2001年9月11日に米中枢同時テロが起きたからだ、という。「恐怖の大王」とは、イスラム過激派のアルカイダによって乗っ取られた航空機だったという解釈である。英国の女性研究家が「ニューヨークの超高層センターを空からおそう空前の炎のテロだ」と解釈していたことも紹介している。

五島によると、米政府の最高首脳部が建国以来、初めて最終極秘指令を発動、決戦用の核部隊が出撃態勢に入り、軍事衛星によって目標を定められた小型核ミサイル数千機が、中東の指導者の私邸などに照準を合わせ、ボタン一つで全機が飛び立つ寸前だった、という。

〈かりにもう1機、テロ機がホワイトハウスに突っこんでいたら、米首脳部はそれを決定的な終末のサインと見なし、数十機の報復ミサイルを、中東と一部アフリカへ、必要なら中国、北朝鮮へも飛び出させる手はずだったのだ〉と分析し、期限が2年ずれたからといって大きな間違いだとは思わない、と強弁するのである。牽強付会《けんきょうふかい》とも思える理屈である。その分析が正しいのか判断できる材料を私は持っていない。

ただ、世界を取り巻く危機的な状況が抜本的に解消されたわけではない。核戦争を例に挙げても、米ソの核開発競争がピークだった時に「終末時計」は「あと3分」を指していたが、19年現在は「あと2分」に進んでいる。当時から核保有数は激減したにもかかわらず、小型化、低威力化した「使える核」が増えているからだ。五島の弁明はともかく、『ノストラダムスの大予言』を読み直すと、現代社会への警鐘としての位置付けは変わらないと思う。

■こんな世の中なら滅んだ方が……

私が大学生だったのは１９８３年から87年。「新人類」と呼ばれた世代だ。「おいしい生活」という百貨店のキャッチコピーが流行し、バブル前夜で世の中全体が好景気に浮かれ始めていた時代だった。

有名大学の学生は、企業からの内定を断るのに苦労したという、いかにもバブルの時代らしいエピソードもよく聞かされた。文学部、それも哲学科の学生だった私などは蚊帳の外で、リクルート社発行の就職情報誌すら見たことがなかったが、当時、人気企業は内定を出した一流大学の学生を海外に連れ出し、他社と連絡が取れないように隔離した、などという浮世離れした話も耳にした。

そんな昭和の終わりごろ、「空中浮揚」の写真を売り込み、オカルト雑誌を通じて精神世界に関心を持つ若者の心に忍び込んでいったのが、麻原彰晃だった。教団の勢力が伸びた80年代後半は、バブル経済真っ盛りの大量消費社会。そんな時代の中、経済的な豊かさには目もくれず、ヨーガの修行を通じて自身の身体を変革し解脱、悟りを目指すという、次元の違う価値観を示したオウム真理教が勢力を拡大したのは偶然ではない、と私は思う。

私と同じ年に生まれ、80年代に高校生だった広瀬健一は、学生がカルト宗教に巻き込まれないようにするために依頼されて書いた文章、「学生の皆さまへ」で、以下のようにつづっている。

〈私自身は、高校三年生のとき、「生きる意味」の問題を明確に意識するようになりました。そのきっかけは、家電商店で値引処分された商品を見たことでした。商品価値がたちまち失われる光景を見て、むなしさを感じたのです。ところが、それ以来、私はこの「むなしさの感情」を通して世界を見るようになってしまったのです。事あるごとに、物事の価値が気にかかりました。結局は、宇宙論のいうように、すべては無に帰してしまうだけではないのか……との思いが浮かぶこともありました。そして、私は「生きる意味」―絶対的な価値―に関心を持つようになったのです〉（広瀬、「学生の皆さまへ」）

サリン量産プラントの建設にかかわり、殺人容疑で逮捕（不起訴）された経験のある「科学技術省」所属の元幹部は、オウム真理教に入った当時の時代背景を私に説明してくれた。

彼は、年寄りや弱者を笑い者にする社会の風潮や、中学、高校生だった80年代、テレビを席巻していた漫才ブームが大嫌いだった。楽しければいいという風潮にはどうしても溶け込めなかったという。「学校の成績が悪ければ給料の安い会社にしか入れない。中学、高校時代で自分の将来の枠がほとんど決まってしまう現実の前では、夢を持つことなどできなかった」

彼が『ノストラダムスの大予言』を読んだのは中学生のころだ。困惑したり、不安に思ったりする以上に、人類が滅びるという予言にむしろ安心したという。

「僕はどうしようもない現状が滅びるという予言に安心した。こんな世の中なら滅んだ方がいいと思ったんです」

極論かもしれないが、麻原が抱えていた強烈な破壊願望に通底するものを感じた。

教団の「諜報省」トップだった井上嘉浩は、96年3月の初公判で「私のあらゆる側面が自由のきかない管理システムの大きな渦の中で、（略）抵抗するすべもなく自由を失い、絶望の中に沈んでいくのを学生のころ感じました」と、オウム真理教に入る前の心境を語った。

管理社会が人間の精神を荒廃させ、人類を破局に追いやるという危機感を、彼は高校生の時に抱いていたという。そして、解脱や悟りという霊的、精神的な進化が、世紀末を迎える人類を救済する唯一の方法である——と提示した麻原に出会った。

井上自身は仏教系の高校に通っていたが、生・老・病・死という根本的な苦悩に解決を示す役割が期待されていたはずの既成宗教は、井上にとって冠婚葬祭の儀式のようなイメージでしかなかった。

■逃げ出したいぜ！　この汚い人波の群れから

井上嘉浩が中学3年の時に書いた「願望」と題する、絵と詩がある。好きだった尾崎豊を参考にしたという詩は、拙さの中にも、人類破滅への危機感の萌芽や金や欲望にまみれた現世からの「脱出願望」が読み取れる。この思いはオウムに出家した若者に共通する心象のように思える。私がかつて書き留めた取材メモから紹介しよう。

朝夕のラッシュアワー
時間につながれた中年たち。
夢を失い、ちっぽけな金にしがみつき、
ぶらさがっているだけの大人たち。
工場の排水が、川を汚していくように、
金が人の心を汚し、大衆どもをクレージーにさす。
時間に追い掛けられて、歩き回る一日が終わると、
すぐ次の朝、日の出とともに逃げ出せない人の渦がやってくる。
救われないぜ！　これが俺たちの明日ならば……
逃げ出したいぜ！　金と欲だけがあるこの汚い人波の群れから……
夜行列車に乗って。

最初に目にした時、赤面しそうになった。詩の拙さにではない。私も高校生のころ、ほとんど同じように青臭いことを考えていたからだ。

高校時代から今に至るまで、私は戦争や公害など骨太なテーマを歌う社会派ロッカー、浜田省吾の大ファンだ。大学生時代はバブル前夜の好景気。社会問題に何の関心も示さず遊び惚《ほう》けている連中を内心、馬鹿な奴らだと見下していた。信者以外を「凡夫」と見下していたオウム真理教の人間と、さして変わらない。

私と同学年の広瀬健一や、尾崎豊が好きだったという井上と私は何が違ったのだろうか。

予備校と大学時代、私は東京・神田神保町の書店に通い、哲学関係の本を探していた。すぐ隣の本棚には精神世界のコーナーがあった。オカルト雑誌やヨーガ、ニュー・エイジ系、瞑想などの書籍がずらりと並んでいた。そこで私がオカルト雑誌に手を伸ばさなかったのは、単なる偶然だった。なんとなく麻原の空中浮揚の写真が表紙になっている著書を手に取り、ヨーガの実践に関心を抱いていたら、教団とかかわりを持った可能性は十分にあると思う。

そして、麻原を師と仰ぎ、「(ヨーガ修行の)成就者を3万人出せばハルマゲドン(世界最終戦争)を防げる」という説法に熱狂し、修行に励み、神秘体験に魅了されたかもしれない。そして、社会から切り離された結果、麻原が示す世界観が現実そのものに感じられ、広瀬のように喜んでサリンをまいたとしても不思議ではない。そんな自覚があったからこそ、オウム真理教の取材を継続することができたのだと思う。

哲学科の仲間とはよく議論をした。珍しく女子学生と合コンをやる機会があっても、「このコップの実在は……」などと議論を始めるおかしな連中だった。オウム信者の友人がいたとしても、「ちょっと身体が浮かんだぐらいで何がすごいんだ。偉そうにするな、それが幸せなのか」と議論を吹っ掛けていたかもしれない。

社会を良くしたいという意識は、私と広瀬や井上とで変わりはなかった。私はオウムや麻原と接点を持たなかった。広瀬や井上は偶然、麻原のことを知ってしまった。ただそれだけの差かもしれない。たったそれだけの差が、とてつもなく大きかった。

■霊性の開発による社会革命

1986年に「オウム神仙の会」に入り、地下鉄サリン事件前に脱会した元幹部は、私の取材に対し、オウム真理教が発展した時代背景を以下のように説明した。

「閉塞感を打破したいという気持ちは、環境や社会の変革ではなく、自分自身に向けられた。自分を超えていきたい、自分の内側にはもっと素晴らしいものがあるはずだと考え、解脱、悟りという言葉がすごく新鮮に聞こえた。その実践方法を具体的に示したのが麻原だった。出家したのは自分自身に対する問い掛けが真剣だったから。少なくともオウムの初期のころは、出家は社会からの単なる逃避ではなかったと思う。現実からの逃げに過ぎないのなら、あんなに辛い修行に耐えられないですよ」

麻原はかつて阿含《あごん》宗※に在籍していたことがある。林郁夫や早川紀代秀、岡崎一明、新実智光ら多くの教団幹部は、解脱を目指して阿含宗に入信しながら、その修行に飽き足らず麻原の弟子になっている。阿含宗のトップ・桐山靖雄は、怒り心頭だったようだ。

麻原の悪口を言う場面に立ち会った女性から話を聞いたことがある。阿含宗の信者が次々と麻原のもとに流れていったことに、桐山は「あの若造め。生意気な」と、手に持っていたものを思い切り床にたたきつけるほど激怒していたという。

井上嘉浩も、その中の一人だった。最高裁に上告中の２００８年に書き上げ、長く逃亡生活を送っていた平田信の公判に出廷する前に加筆した手記「カルトを抜けて　罪と向き合う」の中で、彼は以下のように自省している。

〈私の大きな過ちは、解脱とは何か？　独学で求めていく中で出会った阿含宗の「霊性の開発による社会革命」という言葉に、よくその内容を吟味しないままにとらわれてしまったことであったと考えています。それは、現代社会は様々な問題に満ちあふれていて、今のままの人間の知能では高度に発達した近代技術をもてあそび絶滅に至ってしまうかも知れない、ただ霊性の開発によってのみその危機から逃れることができる、というものでした〉

「霊性の開発による社会革命」とは、まさに「自分が変われば社会が変わる」というニュー・エイジの発想そのものである。

15歳の井上は、阿含宗では肝心の「霊性の開発」の実践が欠けているように思い、失望してしまう。その欠けていた部分をずばりと提示しているように見えたのが麻原だった。井上は16

歳で「オウム神仙の会」に入り、社会経験のない純粋培養された教団幹部の一人として、数多くの事件に加担してしまった。

※阿含宗
桐山靖雄が開いた新しい宗派。1954年に設立した観音慈恵会に始まり、78年に「阿含宗」と改称。真言密教や初期仏教の阿含経典を重視するとともに、カルマ（業）からの解脱や、チャクラという身体の霊的な中枢の覚醒による超能力獲得の必要性を説き、オウム真理教の教義にも影響を及ぼしている。76年から京都で「阿含の星まつり」を開催している。桐山は2016年に95歳で亡くなった。

■朝まで生テレビ！

1991年9月、麻原が出演したテレビ朝日の討論番組『朝まで生テレビ！』※をきっかけに、教団への関心を深めたという元出家信者から話を聞いた。

「ラジカルなものをすでに政治活動には求められなかった。退屈を満たすものを自分の外ではなく、内側に求めたかった」と彼は語っていた。

小説、映画、音楽……。一流私大の学生だった彼の周囲にはサブカルチャーが山のようにあったが、どれも飽き足りなかった。退屈を紛らわしながら漫然と学生生活を送っていた時、社会と折り合いをつけることを拒否し、実力行使で我が道を行くことを明確にしていたオウム真理教に出会った。社会と摩擦を起こすことを避けない姿は、とても魅力的に映ったという。

『朝まで生テレビ！』への出演は、多くの若者がオウム真理教に接するきっかけになった。テーマは「若者と新・新宗教ブーム」。当時、若い信者を多く獲得していたオウム真理教と「幸福の科学」の幹部らが、「新・新宗教」を代表する形でパネリストとして出演していた。この番組は深夜にもかかわらず、5・3％という高い視聴率を獲得した。

「結論から言えば、釈迦牟尼は仏教を説いてはいない。真理を説いたのです」「解脱の過程で神通力が身に付かないことはうそだ。経典にはそう書かれている」

麻原は出演者の中でただ一人特別な大きな白い椅子に座り、独特の口調でこうまくしたてていた。前出の元出家信者は、司会者やパネリストが発するあらゆる質問に麻原が断定的に答えているのが印象に残ったという。

「文化人たちは明らかに麻原さんを支持していた。アジテーターとしての力があり、カリスマ性があった。知識人が嫉妬してやまない魅力だったと思う」

番組は終始、修行の重要さを強調したオウム真理教に、他の出演者が好意的な評価を与える雰囲気で進行した。大学で仏教を学んでいた元在家信者も、このテレビ出演に影響を受けた一人だ。番組をビデオに録画し、出演者の物まねができるほどになるまで30回以上も繰り返し見た。西部邁、栗本慎一郎、島田裕巳……。出演した有名な評論家や学者がそろってオウムのシンパになってしまったように彼には見えた。

「これは宗教をばかにする番組ですか！」

司会者の田原総一朗に語気鋭く詰め寄る麻原の気迫を感じた。番組の2年後に、彼は在家信者になるのだが、この番組から受けた印象が圧倒的だった、と話してくれた。

※『朝まで生テレビ！』
毎月最終金曜日の深夜、テレビ朝日が放映している討論番組。出演者が激しい議論をすることで人気がある。91年9月の番組には、オウム真理教と「幸福の科学」の幹部らが同時出演した。オウムは麻原自身が出演し、議論を優勢に進めた印象を与えたことから、この番組を無断で編集したビデオ「オウム真理教の世界」が布教に活用された。

■5000枚の手記

解脱や悟りを求めた若者たちが修行のために入った教団は、初期のヨーガ教室から途中で大きく変質した。いや、麻原はヨーガ教室を開く前から国家を転覆させるという危険な考えを抱き、弟子を巻き込んでそれを実践しようとしたのだ、という見方もある。麻原の一審判決では、「真理党」として麻原および弟子たちが衆院選に出馬し、惨敗したことを教団の武装化のターニングポイントとしているが、その点はこの後、第4章で詳しく追っていきたい。

麻原の変遷を知る幹部の多くは、2018年に死刑が執行された。無期懲役の判決を受けた者は6人（19年6月現在）。このうち外部に向かって発信する意思を持っているのは、山形刑務所で服役している杉本繁郎、一人だ。彼は服役する前に東京拘置所で、便箋に5000枚もの手記を書いている。「救済という名の犯罪」と題するものや修行・教義について書いたもののなど多岐にわたる。

杉本は、教団「自治省」の次官。地下鉄サリン事件後、正悟師に昇進するはずだった。麻原の運転手や警護役を務めていた。ホーリーネームの「ガンポパ」は、チベット仏教の修行者の名前にちなむ。地下鉄サリン事件では、最多となる8人の犠牲者を出した路線でサリンを発散させた、林泰男の送迎役だった。また、出家信者だった薬剤師の殺害、スパイと疑われた出家信者の殺害に関与したとして殺人罪などで起訴され、09年4月20日に無期懲役の刑が確定した。

杉本もまた、ニュー・エイジの潮流を漂っていた若者の一人だった。

1982年に岡山の大学を卒業後、広島県内の証券会社に就職したが、不整脈などの体調不良により退職を余儀なくされる。病気に対する両親の無理解にも苦しんだ杉本は、ヨーガの本に書かれていた「アーサナ」と呼ばれる座法を試すと体調が良くなった。今の自分を変えたい、現状を変えたい、と強く願い、ヨーガや精神世界の本を読み漁る中、中沢新一著『虹の階梯——チベット密教の瞑想修行』(ラマ・ケツン・サンポとの共著、平河出版社、81年)に出会う。チベット仏教への関心を深め、信頼できる指導者の下で修行したいという気持ちが強まった。

86年1月、「自分は何のために生まれてきたのか?」と考え始めると、身体全体が真っ白な光に包まれるような至福感に浸る体験をした。生まれてきた理由は、この世で苦しむ人たちをヨーガの力によって救うことだという考えが天啓のように浮かんだという。

我流で修行を続けることの限界を感じ、師を求める気持ちが強まる中、雑誌『トワイライトゾーン』に掲載された麻原の連載記事に巡り合う。衝撃的だった。神秘体験や瞑想中の状態についての説明は的確で説得力があり、全面的に信用できる人物だと思った。

麻原と一緒に修行した時には「クンダリニーの覚醒」（第2章で詳述）や幽体離脱のような強烈な神秘体験もあり、「この人についていこう」と心の底から思ったという（杉本、手記「なぜ私は麻原など狂信してしまったのか」）。杉本はオウム真理教のサンガ※の設立に真っ先に参加し、各地の支部長を歴任した。

※サンガ
出家した修行者の集まり。漢訳では僧伽。オウム真理教の前身である「オウム神仙の会」は小規模のサンガからスタートし、出家制度を整えていった。

■刑務所で見た奇妙な夢

２０１８年7月26日に6人の刑が執行されてから約1カ月後の8月23日、私は山形刑務所に杉本繁郎を訪ねた。

かつての仲間たちの刑の執行にどんな思いを抱いているのか、直接会って確かめてみたかったからだ。夏の太陽が照りつける暑い日だった。作業服姿の杉本が面会室に入ってきた。

杉本にとって、死刑囚７人が東京拘置所から大阪や名古屋、福岡、広島、仙台の拘置所に移送された3月の方が衝撃は大きかったという。かつての仲間が3月中に死刑を執行されることもあり得ると考え、精神状態がかなり悪化した。少しずつ安定を取り戻し、「その時」のために心の準備をしていた。

教団で仲が良かった井上嘉浩、一審は同じ法廷で裁判を受けた豊田亨、広瀬健一らのことを思うと胸が苦しくなる。死刑が執行されて良かったのか、との思いが今も強くあるという。豊田にしろ、広瀬にしろ、聞き出しておくべきことがまだたくさん残っていたと思うからだ。

麻原の執行の1日前の夜、奇妙な夢を見たという。

麻原が弟子を引き連れて建物から出てきたところを銃で全員撃ち殺されるという夢だ。銃を撃っているのは杉本自身だったと苦笑いした。その翌日が、執行の日となった。

まともに裁判に向き合わなかった麻原の姿勢には、いろいろな意見があるだろうと杉本は言う。事件の全容が明らかにならなかったと考える人もいれば、弟子たちの証言により、ほぼ明らかになったと考える人もいる。杉本は後者の意見に近い。

「元教祖がすべてを語ってくれればそれに越したことはなかったし、真実を聞きたかったという思いも確かにあります。ですが、うそ偽りを並べ立てた時の信者への影響を考えると、沈黙した方が良かったかなという気がします。沈黙を選んだことで神秘性が保たれたと考えることもできる。その結果、元教祖は今後、『殉教者』としてあがめ奉られるのでしょう。沈黙に逃げ込んだ理由がそこにあるとすれば、死してその目的を達成したわけです」

杉本は、教祖の死刑執行によって、「やっと呪縛から解放されたような思いが心に生じたことも確かです」と語り、複雑な思いを私に吐露していた。

無期懲役の判決でも15年から20年ぐらい服役すれば仮釈放になる、というのは昔の感覚だ。法務省のデータによれば、17年に仮釈放になった無期懲役囚（無期刑新仮釈放者数）は８人。無期刑者が１７９５人いる中の０・４４％という狭き門である。平均受刑在所期間は33年２カ月。16年に仮釈放になった７人の平均受刑在所期間は31年９カ月だった。近年の厳罰化の流れが影響しているとみられる。オウム事件のような組織犯罪では、無期懲役囚が仮釈放される可能性は極めて低い。杉本自身も「獄中死を覚悟している」という。

彼には「生き証人」として、自分の経験や考えを機会があるごとに伝えていってほしい。それが死刑を免れた彼の使命だと思うからだ。後日、「健一たちの分まで長生きして下さい」という広瀬の母親からの言葉を伝えると、悲しそうな顔で頷いた。

■生真面目さの暴走

２０１８年７月６日に麻原ら７人の死刑が執行された時、私が書いた東京新聞１面の署名記事に整理部の記者は「『生真面目さ』の暴走」という見出しを付けた（７月７日朝刊）。死刑になった元幹部も含めて、教団の信者の大半は凶悪さや邪悪さという心根からははるかに遠く、経済的な価値観に染まっていない純朴な人たちだったと思う。

林泰男が私に指摘してくれたことがある。

オウム事件を通して見るべきなのは、信者たちから何か特別な要素をほじくり出すことではなく、一般の善良な人々と変わらない人間が殺人にかかわったということではないか。オウムの犯罪を、私たちは「あいつらは自分たちとは違うんだ」「人間じゃない」と区別し、目をふさいだ。そうしないと不安だからだ。しかし、区別して切り捨てて安心することは不可能だ、と林は言う。それよりも何よりも「不安」の真の意味を考えるべきではないか、と。

オウム信者たちを「詐欺師にだまされた哀れな連中」「自分とは住む世界が違う人たち」という物語にはめ込めば安心できる。しかし、もしかしたら自分もその中にいたかもしれないという視座を持てば、素通りはできなくなる。だから私は、オウム事件の取材を続けてきた。

林が言う「不安」の真の意味とは何だろう。彼らが善良で、一般の人たちとさほど変わらないことを認めれば、自分の中に潜む危うさや邪悪さと向き合わなくてはならない。だから、私たちの社会の絶対多数は、彼らは特殊な人間なんだと目を背けることで安心したかったのではないか。事件を直視しなかったのは麻原だけではない。

第2章

超能力

■悟りとは別のもの

希代の詐欺師が狂信的な若者たちを操った異常な事件――。世界を震撼させた事件から四半世紀近くを経た今、多くの人が持つオウム事件の認識はこんなところだろうか。

矮小化はたやすい。しかし、自分たちと住む世界が違う連中がやったことだ、とやり過ごしてしまったら、人類の負の歴史に刻まれた事件の本質に迫ることはできない。

誤解を恐れずに言うなら、麻原はヨーガの行法を通して弟子に神秘体験を与える技術を持っていた。超能力、神通力、霊的な力……。呼び方は何でもいいのだが、そのような能力を、少なくとも「ある時期」までは持っていたのではないか、と私は考える。

それを直視しなければ事件のことは理解できない。後継団体「アレフ」に残る出家信者にとっても、強烈な神秘体験は、麻原や教団の過ちと向き合うことを妨げる足かせであり続けているのだから。

「麻原には一種の超能力があったかもしれない。でも、超能力を持つ修行者はインドに行けばたくさんいる。超能力と悟りはまったく別。悟りとはエゴのない状態であり、悟りを得た人は権力からはどんどん離れていく。最終解脱者なんて大うそだから、その後はうそで塗り固めるしかない」と語ったのは「オウム神仙の会」の出家制度の原型を整え、麻原の最初の側近だった佐々木博光（仮名）である。

彼の指摘通り、超能力、神通力と呼べるものがあるとしても、それは解脱や悟りという境地とはまったく別の次元のことだと思う。

ヨーガの行法によって得られる、ある種の神秘体験に過剰な価値を与え、解脱や悟りへの道が示されていると信じた弟子たちは人生を棒に振り、多くの人たちを傷つけた。「クンダリニーの覚醒」などの身体体験を、解脱や悟りという内面の問題と混同させたところに麻原の大きな罪がある、と私は思う。

地下鉄サリン事件で実行役を務め、自動小銃の製造の中心者でもあった広瀬健一は、早稲田大学の大学院で物理学を学び、卒業後の大企業への就職も内定していた。「世界の物理学に多大な貢献をしただろう」と、大学院の恩師が法廷で証言するほど嘱望された広瀬青年が、なぜ地下鉄で猛毒のサリンをまくに至ったのか。同世代として心の軌跡を知りたかった。私は控訴審の途中だった広瀬に、弁護士を通じてアプローチした。2004年の麻原の一審判決を前に、手記を5回にわけて東京新聞に書いてもらうことができた。

麻原との出会いは、まったくの偶然だった。

生きることの虚しさを感じていた大学院1年生の時、書店で麻原の著書『超能力「秘密の開発法」すべてが思いのままになる！』（大和出版、1986年）を手に取った。麻原が「クンダリニーの覚醒」の指導をしていると知り、驚いた。本を読み始めてから、しばらく経ったある日の夜、自らの身体に強烈な神秘体験が起きたという。

■解脱＝「クンダリニーの覚醒」

オウム信者が神秘体験の柱として必ず挙げるものに、「クンダリニーの覚醒」という現象がある。広瀬健一の説明によるとこうだ。

〈クンダリニー※とはヨガで生命エネルギーなどと呼ばれるもので、「解脱」するためにはこれを覚醒、つまり活動させる状態にさせることが不可欠とされていました。私は高校三年生以来、無常観を抱いていたのですが、解脱がこれを解決する心境であると思っていたのです。

そして、麻原の著書を読み始めてから一カ月後に、私は衝撃的な体験をしました。寝入りばなに突然、爆発音が響き、続いて、尾てい骨のあたりから熱い液体のように感じるものが背骨に沿って上昇を始めたのです。

「クンダリニーの覚醒」だと私は直ちに理解しました。麻原の著書に記載されていた体験談に類似していたからです。この体験で私はオウムの教義は真実であると確信しました。また、麻原の指導の下で解脱を目指すことが私の人生だと思いました。そして、オウムに入信したのです〉（東京新聞、2004年2月18日朝刊）

入信後、広瀬は東京・世田谷の道場に通い始めた。教団は、「救済」活動と称して盛んに布教を呼び掛けていた。麻原の秘儀を伝授され、心が静寂になり、修行が進むのを感じたという。

〈これらの体験は、ヨガの行法によって暗示にかかりやすくなるために起こると考えられていますが、私には現実と感じられたのです。私の悪業を消滅させて解脱に導けるのは麻原だけだと思うようになり、入信後、八カ月で出家願望が生じました。

麻原の指示で私は大学院修了後に出家することになりました。就職も内定していて指導教授や家族らに止められても、聞く耳を持ちませんでした。教義では、一緒に暮らすよりも出家して解脱した方が家族の転生が良くなり、私が出家をやめると出家を止めた人の悪業になるからでした。／当時の私にとっては、常識よりも教義が現実だったのです〉（東京新聞、04年2月19日朝刊）

広瀬が出家した1989年3月ごろの教団は、すでに出家信者を一人殺害していた。それは一部の幹部だけしか知らず、表面的には真面目に仏教とヨーガの修行に励む集団に映ったという。

出家信者の活動は、在家信者の指導や外部への布教、出版、建設、音楽、修行を援助する科学技術の開発など多岐にわたり、いずれかの部署に配属されていた。

〈時期が来ると集中修行に入り、ヨガの成就（解脱、悟り）をしていきました。私も集中修行で麻原の力によって私の悪業が消滅するのを感じ、さまざまな神秘体験が現れ、えも言われぬ開放感に浸りました。（略）日常生活においても心の静けさと充実感が増し、絶対的な真理の道を歩んでいると感じていました〉（東京新聞、04年2月19日朝刊）

〈クンダリニーの覚醒以来、私には輪廻転生※を肯定するオウムの宗教的世界観が現実として感じられました。その後も神秘体験を重ねましたが、これは教義の世界の現実体験として認識しました。

そのため、教義の世界の現実感はさらに深まり、私は一般社会で解脱に関係ない生き方をすることに意味を見いだせなくなりました。（略）ついには麻原に従い、教義に基づいて許されない罪を犯しました〉（東京新聞、04年2月18日朝刊）

ヨーガの行法で誰にでも起こり得る神秘体験に「解脱」という意味付けをした広瀬は、閉鎖的な教団の空間の中で教祖にすべてを明け渡してしまった。

※クンダリニー

尾てい骨付近に眠るとされる根源的な生命エネルギー。「シャクティー」とも呼ばれる。覚醒させるには厳しい修行と正しい師が必要であり、自己流の修行では生命に危険が及ぶとされた。

※輪廻転生

人は死んだ後、生まれ変わるという死生観。オウムの信者は現世での生き方よりも、来世の転生に関心が向いていた。修行して高い境地に達すれば高い世界に転生できる。修行が足りないと動物や虫に生まれ変わるかもしれないと考え、グル（師）への絶対的な帰依が求められた。麻原は地獄などへの転生の恐怖を煽り、弟子を犯罪に駆り立てた。

■神秘体験がなければ……

「建設省大臣」を務めた早川紀代秀も、自身の公判の被告人質問でこう語っている。

〈「神秘体験がなければ、ここまで信じきれなかったと思います。彼が言うような神秘体験をそのまま追体験するような形で、こちらも体験していったがゆえにこの人は人間を超えた存在であると、本当に解脱しているというふうに思っていたわけですから、麻原被告を信じるに当たっての神秘体験の位置付けというのは、重要といいますか、ものすごいのがあったと思います」〉（早川＋川村、前掲書）

私が取材した元出家信者は、教団出版物『生死を超える』に書かれていた麻原のヨーガの行法を実際に試してみた。一日4時間、3カ月にわたって修行を続けると、虚弱だった身体はみるみる健康になったという。

尾てい骨からエネルギーが上昇する「クンダリニーの覚醒」も実感した。彼はこうした体験から、これが「解脱」への道であり、自分が求めていたものだと悟った。自ら進んで教団の門をたたいた彼は、サリン量産プラントの建設にかかわり、逮捕されることになる。

地下鉄サリン事件当時、ワイドショーに生出演しては荒唐無稽な教団の主張を繰り返した元最高幹部の上祐史浩※も、2012年に刊行した著書『オウム事件　17年目の告白』（扶桑社）で神秘体験について記している。

〈大学院卒業と就職が間近だったが、明確な神秘体験に魅了され始めていた私は、団体の道場に足繁く通い、麻原や出家した弟子たちとの交流や奉仕活動、ヨーガ修行を重ねていった。

ヨーガの修行や奉仕活動に没頭すると、麻原の言うクンダリニーが上昇したためか、頭頂部を中心に非常に気持ちのいい感覚、「歓喜の体験」をすることがあった。その感覚は多少、性的エクスタシーと似ているが、それよりさらに精妙で、長く続く。
これを麻原は功徳を積んだ結果、起こるもので、チベット密教も説く重要な体験だと説いていた〉

クンダリニーを覚醒させることが、なぜ解脱や超能力の獲得になるのか。さらには、クンダリニーの覚醒がオウム真理教の教義が真実である、ということとなぜイコールで結ばれるのか。広瀬健一らの論理は飛躍しすぎているのではないか、と実はずっと疑問に思っていた。この点を広瀬に確認する前に死刑が確定してしまい、直接、質すことができなくなってしまった。

冷静に考えれば、神秘体験と教義が正しいということの間には、何の因果関係もない。新聞用の短い手記では説明し切れないのだろうとか、実際に身体で感じたことには理屈を吹き飛ばす説得力があるのだろう、などと勝手に解釈していた。

しかし、オウム真理教の研究で実績のある南山大学の渡辺学教授（宗教学）の次のような指摘で理解が深まった。

〈当時、精神世界に心酔していた人々にとって、クンダリニーの覚醒による解脱と超能力開発ということが大きな課題となっており、その課題を一挙に解決する麻原のシャクティーパットという《霊＝術》を受けることは、願ってもない好機のように思われたのである〉（『オウムという現象──現代社会と宗教──』、晃洋書房、14年）

クンダリニーを覚醒させるという身体技法により、解脱し、超能力を得る、という発想が、精神世界に関心を持つ多くの人たちの間では当時、共通認識としてあった。その考えは麻原をはじめ、多くの教団幹部が以前に属していた阿含宗の教義でもあった。

　クンダリニーの覚醒＝解脱・超能力。そう関連づけて思考する下地があった人たちにとって、〈超能力が出ないような修行は、遊びのようなもので、解脱など考えるだに恐れ多いということである〉（麻原、前掲書）と断言する麻原は、自分たちを本格的に超能力の開発＝解脱に導いてくれる希有な存在に映ったのである。

　数多くの出家信者と接してきた杉本繁郎は、教団に集った者に共通する認識として、①死後の世界の肯定。②輪廻転生と六道輪廻の世界観の肯定。③神や守護神、守護霊などの肯定。④クンダリニーとチャクラ※、念力と神通力の肯定。⑤カルマ理論の肯定――などを挙げている。

〈教団を訪れる者達のそのほとんどの者は、シャクティパットを受けてクンダリニーを覚醒させたいだとか、（略）霊的進化を遂げたいだとか強く望んでいる者でもありました。（略）教団を訪れた際この時点ですでにごく普通に生活している一般の人達に比べその意識は極端に変容しており、神秘体験等の切っ掛けに教団の教義等を積極的に受け入れてしまいかねない大変危うい意識状態に至っていた者達でもあったのです〉（杉本、手記「救済という名の犯罪」）

　つまり、「クンダリニーの覚醒」という神秘体験があれば、麻原の説く教義も正しい、と短絡的に思い込むような思考回路ができあがっていたのである。

※上祐史浩
　1962年生まれ。早大大学院在学中にオウム真理教に入信。宇宙開発事業団に就職するも出家。地下鉄

サリン事件後、ロシア支部から帰国し教団の外報部長として連日、テレビに出演。詭弁を弄する姿から「ああ言えば上祐」と言われた。その後、偽証罪で逮捕され、約3年間服役した（未決勾留日数を含む）。出所後、「アレフ」の代表となるも路線対立から脱会。自ら率いる「ひかりの輪」の代表を務める。

※チャクラ
人間の身体に7つあるとされる霊的センター。普通の人はそれが眠った状態で働いておらず、修行や訓練によって開発される。身体の上部にいくほど次元が高くなると言われている。オウム真理教では、9つあるとされた。

■シャクティーパット

初期のオウムの代表的なイニシエーション（秘儀）に、麻原の霊的エネルギーを注入するとされる「シャクティーパット」と呼ばれるものがある。

「オウム神仙の会」当時、麻原の側近だった佐々木博光は、その体験を振り返り、私に生々しく語った。仰向けに寝ている彼の額に麻原が親指を当てると、身体に変化が起きたという。

「1度目は、クンダリニーが上がってきたのを感じました。2度目は、頭蓋骨がバキバキと音をたてました。セックスの絶頂で得るより数十倍もの快感でした。体が溶けていき、このまま死んでもいいという感覚でした」

はたから見れば、麻原が信者の額に親指を当てぐりぐりと力を入れるだけの行為である。しかし、尾てい骨付近から上がってきたエネルギーは頭頂部が盛り上がるほどの勢いがあり、「これは本物だぞ」と感じたそうだ。

米国に本部があった宗教団体「ラジニーシ・インターナショナル※」の日本支部にいた経験もある佐々木は、これまでに神秘体験をしたことはあった。しかし、麻原の「シャクティーパット」は明らかにレベルが違い、深い満足感を覚えたという。

1986年3月に刊行された麻原の最初の著書『超能力「秘密の開発法」』では、〈シャクティー・パットとは、私の持っている霊的エネルギーを相手に直接注入することによって、その人の霊的進化を助け、クンダリニーを覚醒させるというものである〉〈受けた人は以後超能力をどんどん獲得していくことができる〉〈昨年（引用者注・85年）は三カ月間に一〇〇人くらいのクンダリニーを覚醒させた。常識的には、クンダリニーの覚醒は、エネルギーが間違った上がり方をする危険性があるので、きわめて難しいとされている。それを私は、安全にかつ簡単にやってしまうのであるから、我ながらすごいと思っているのである〉と誇らしげである。

麻原の修行体験とおぼしきことが具体的に記述されているこの本は、なかなか刺激的だ。

佐々木にシャクティーパットを施した時のことを、86年12月ごろに発売された教団の出版物『生死を超える』（初版）で麻原は次のように記している。

〈大変修行の素質に恵まれた人である。（略）既にクンダリニーは覚醒していた。（略）／まだまだこれからだ。クンダリニーのエネルギーをもっともっと、頭頂の（略）チァクラに蓄えなければならない。蓄えきったときに解脱が訪れる。（略）／クンダリニー上昇の過程で、必ず

超能力が身につくわけだ。逆に言えば、超能力が表れない修行はどこか間違っている〉

若かった麻原の強烈な自負心が伝わってくる。

早川紀代秀も「シャクティーパット」への並々ならぬ関心があったことを自著で明らかにしている。精神世界に興味があり、ヨーガや瞑想関連の本を集めた書店に毎日のように通っていた早川は86年、麻原の『超能力「秘密の開発法」』を手にした。一読してこれは実際に経験しなければ書けない内容だと感心したという。

〈当時、ヨーガの本を読んでいて、霊的に覚醒した人間こそ、真の人間といえるもので、霊的覚醒のためには、クンダリニーの覚醒が必要なことを知っていました。またクンダリニーは、簡単には覚醒せず、厳しい修行を長い間行なってはじめて覚醒するもので、覚醒の際には、多大な危険が伴い、へたをすると気が狂ったり（原文ママ）、死んでしまったりするということも知っていました。ですから、すみやかにかつ安全にクンダリニーが覚醒できるということに、非常な魅力を感じたのです〉（早川＋川村、前掲書）

「シャクティーパット」は麻原のオリジナルではない。本来は、ヒンドゥー教シヴァ派の重要な概念で、シヴァ神※の恩寵を信者に伝える儀礼だ。束縛を絶つことによって弟子の死後の救済を保証するとされる。米国のコミューンから強制送還されたインド人の宗教家バグワン・シュリ・ラジニーシも、「シャクティーパット」を施すことで知られていた。

オウム流の「シャクティーパット」は、グル自身の霊力を信者に注入し、信者の悪いカルマ（業）を吸い取るというところに際立った特徴があった。シヴァ派の伝統的な考え方では、〈カルマは個人的なものであり、他人が肩代わりすることなど考えられない〉（高島淳、論文「タントリズムとオウム真理教」、『宗教と社会』別冊96年ワークショップ報告書、97年3月）という。

※ラジニーシ・インターナショナル
瞑想や催眠法などで欧米の若者に影響を与えたインド人宗教家バグワン・シュリ・ラジニーシ（１９３１〜90年）は80年代初め、米オレゴン州に、飛行場、病院、学校、ショッピングモールなどを備えた巨大な宗教コミューンを建設。地元住民との軋轢の中で過激化した一部がレストランにサルモネラ菌をまき、７００人以上の住民が食中毒になる事件を起こした。ラジニーシは国外退去となった。信者に「シャクティーパット」を施し、サニヤシン・ネームと呼ばれる宗教名を授けるなど、オウム真理教との共通点が指摘されている。インドに戻ってからは「ＯＳＨＯ（和尚）」と名乗って活動を続け、90年にラジニーシが死去した後も多くの信奉者がいる。

※シヴァ神
ヒンドゥー教の神。「破壊の神」として知られている。麻原は自らをシヴァ神の化身と称し、弟子を犯罪行為に加担させる際にも「シヴァ神の意思だ」と都合よく利用していた。

■麻原の力を過大評価

弟子の修行中、どういうことが身体や精神に起きたか、麻原が的確に言い当てるエピソードも少なくなかった。ヨーガや瞑想法の指導者としての一定の技量が麻原にあったのは、認めざるを得ないのではないか。加えて、オウムに集まってきた若者は解脱や悟り、超能力への興味、関心を持っていた。ヨーガの行法を通じて神秘体験を与え、「本物だ」と錯覚させることは、さほど難しいことではなかったはずだ。

多くの元信者の声や裁判での弟子たちの証言に耳を傾けてきた私は、麻原は弟子に神秘体験を与える何らかの力を「ある時期」までは持っていた、と考えている。あるいは何らかの力があると思わせる能力、と言い換えていいのかもしれない。

ヨーガの修行で神秘体験を得ることは、珍しいことではない。過酸素状態になれば光が見えたり、身体が縛られるような現象が起きたりする。これは医学的にも説明できるという。睡眠を削ったり、断食したりするなど、心身を極限状況に追い込んだ時の神秘体験の例もしばしば報告されている。

神秘体験に関する広瀬健一の手記は、こう締めくくられている。

〈現在、私は神秘体験に宗教的な意味を認めていません。神秘体験は単に脳内神経伝達物質の活性化によって幻覚的体験が起こったもので、それ以上の意味はないと思っています。ヨガの行法やオウムの生活環境はこれらの物質を活性化させるのです。拘置中、差し入れされた書籍や論文のコピーは数百点になりました。神秘体験はどのようにも意味づけられるので、荒唐無稽な教義が現実として感じられかねません。オウムでは周囲の人も同じ神秘体験をしているので、教義の世界そのものの環境が形成されていました。そのために、信徒たちは現実を見失い、

麻原の指示に従って反社会的行動をとるに至ったのだと思います〉（東京新聞、２００４年２月22日朝刊）

上祐史浩も麻原の霊的能力について、こう結論付けている。

〈多くの信者を集めた麻原には、一定の霊能力があったとは思う。仏教思想に詳しくオウム関連の著者（原文ママ）のある識者も同じように分析している。しかし、それは過大評価されていた。

麻原は他人に手を触れ、霊的なエネルギーを移入したり、他人の心やエネルギーの状態を感じ取れ、仏教の最終解脱者が持つ六神通を有し、前生や未来を見ることができると主張した。また、空中浮揚ができるとして、週刊誌が撮影した写真も宣伝した。しかし、これらの力は不完全であり、誇大宣伝であり、彼が神の化身・最終解脱者である証明にはなり得ない〉（上祐、前掲書）

弟子たちは、麻原の力によって「クンダリニーの覚醒」が起きたと思い込んでいた。神秘体験はヨーガの修行の過程で誰にでも起こり得るが、麻原は自分自身の霊力によって弟子を覚醒させたと過信していたのだ、と私は考える。次に紹介する二人の元幹部の法廷証言も、私の考えを裏付けるように思える。

■落ちた人

出家信者リンチ殺害事件などで懲役8年の判決を受け服役した古参の元幹部は、１９９８年10月の初公判で意見陳述した。シャクティーパットを受けた5日後の夜、背骨が火のついたように熱くなり、やがてオレンジ色の光が自分の身体を包むのが見え、幽体離脱（臨死体験）のような出来事が自らの身に起きたと語り、「この体験が、その後長年にわたり、私を呪縛することになりました」と振り返った。

精神世界をさまようように、霊的指導者＝グルを探し求めていたこの元幹部は、麻原と出会った後は、寝ても覚めても麻原を観想するほど傾倒した。最初の男性信者となり「オウム神仙の会」に入会し、大阪支部の幹部として早川紀代秀や村井秀夫※らを出家させた。

「このころは、というよりこのころだけ松本氏も道を求め、修行していたと思います。ですから、松本氏の欲望も、野心も、かなり抑えられていました。またこのころ、神秘体験をさせる力があった。しかし、だからと言って、彼が釈迦牟尼以来の最終解脱者であるというのは、考えてみれば愚かな論理の飛躍でした」

岡崎一明の一審の公判に証人出廷した別の元幹部（地下鉄サリン事件前の94年に脱会）は、「シャクティーパット」で麻原が額に指を置いただけで光が見え、尾てい骨からエネルギーが一気に上がってきたのを感じたと法廷で語っている。

この元幹部は93年ごろから生物兵器の製造を命じられたが、それを支えていたのは神秘体験はすべて麻原の力によるものと信じていたからだ、と証言した上で、こう振り返っている。
〈今考えると超能力を持ってカリスマ性を発揮できたのは、選挙前、九〇年前ですか、で、九〇年あとは、シャクティーパットのやり過ぎで体の調子が悪いんだろうと私は思ってましたね。九三年以降になると、完全に頭が狂っている（証言ママ）というのが分かりました〉（元幹部、98年5月12日の公判調書）
さらに、元幹部は麻原には人の心を読む特別な力があったと考えているが、「ヨーガの修行をすると、誰でもつく能力なんで、これは別に麻原だけ特別というわけじゃない」と指摘した。
この元幹部は、生物兵器の開発やサリンの開発をやめさせようと麻原に進言したことがある。このまま進めば教団が消滅すると考えたからだ。しかし、村井や新実智光、遠藤誠一、井上嘉浩ら教祖の取り巻きの壁が厚く、身の危険を感じて脱出したという。
〈ヨーガの教典での解脱は現世、この俗世に触れると落ちると言われています。麻原の姿を見てて、もう落ちた人としか私には見えませんでした〉（元幹部、98年5月12日の公判調書）
杉本繁郎は「86年当時、麻原が何らかの神通力を有していた」と振り返るが、その神通力なるものは科学的に説明がつく、と現在は考えているという。
〈よく検証すると、神通力が顕現するとされている行法のほとんどが、我々の身体の中にあるホルモン分泌腺を刺激する行法であることが分かります。この分泌腺の位置はいわゆるチャクラに対応しているわけです。弱視だった麻原の感覚器官はわれわれよりはるかに敏感になっていました。ヨーガの行法にそれなりに真剣に取り組んでいたことから感覚器官がさらに研ぎ澄

まされ、その結果、我々が目にしていたような神通力とおぼしき力が顕現するに至ったのです〉（杉本、回想録）

麻原は教義にチベット仏教の考え方を取り入れている。伝統的なチベットの修行者から見て、オウムでの神秘体験にどんな意味があるのだろうか。あらためてそれを確認したいと思い、2019年1月、私は御嶽山の麓にある雪に覆われた寺を訪ねた。

※村井秀夫
ホーリーネームは、文殊菩薩を意味する「マンジュシュリー・ミトラ」。ステージは正大師で、教団では麻原に次ぐナンバー2だった。「科学技術省大臣」としてサリン製造など武装化路線を進めた。95年4月23日、東京・南青山の東京総本部前で衆人環視の中、暴力団員に刺され、翌日死亡した。

■タルタン寺

標高1000メートル。冬季にはマイナス20度まで下がり、水道も引かれていない飛騨高山の奥地に、チベット仏教金剛乗ニンマ派の在俗ラマ僧である林久義が「ウッディヤーナ山タルタン寺」を建ててから20年近くになる。

ダム湖の建設で伐採された杉の原木を大量に譲り受け、友人らの力を借りて棟上げし、完成させた。窓などの材料は住宅の解体現場で譲ってもらった。吹き抜けになっている木造の建物の中には、釈迦の骨を納めた8メートルの仏舎利塔も建てた。完全に手作りのお寺兼自宅である。

林は1959年生まれ。48年から51年にかけてチベットが中国に侵略されたため亡命した、ニンマ派のタルタン・トゥルクを師として、米カリフォルニアの寺院でゾクチェンの教えと瞑想を学んだ。95年、地下鉄サリン事件が起きると、師の許可を得て帰国。オウム信者や家族の脱会カウンセリングを続けている。伝統的なチベット仏教の修行者の立場から、これまでに100人以上の信者たちと対話を重ね、オウムの教義や修行の問題点を指摘してきた。

服役して刑期を終えた信者、脱会しても教祖への思いを断ち切れない元信者、まだ教団に残っている現役信者の親などが、それぞれの思いを抱きながら、猪や猿だけではなく熊も出没するタルタン寺まではるばる訪ねてくる。もつれて、がんじがらめになった糸を丁寧にほぐすように、林は一人一人と向き合う。

「今もアレフに残っている人たちは神秘体験にこだわっている人が多いですね。本当は薬物によって刷り込まれた恐怖体験なのに、修行によって得られた神秘的な体験であるとすり替えられてしまって、そこから抜け出せない人が少なくないです」

コタツに入って向き合った林は、穏やかな表情で語り始めた。現在の「アレフ」中堅幹部の中には、事件直前に大量出家させられた信者が多く、後述するＬＳＤなどの薬物によるイニシエーションの呪縛が解けないという。

「神秘体験は夢みたいなものです。その夢を引きずってしまう、そこにとどまってしまうことが一番の問題なのです。神秘体験をしたい、光を見たい、早く解脱をしたいと期待する修行者が、食事や睡眠を徹底的に制限され、神秘体験を求めます。教祖はそれを解脱のプロセスだと説く。体験を求める者と期待を導く者の間に『相互幻想』が生み出されます。大きな罠です」

教団信者にとって「クンダリニーの覚醒」などの神秘体験は「勲章」だった、と林は言う。いくつもの勲章をぶら下げて、精神的レベルが上がった気になる。こうした間違いをチベット仏教カギュ派のラマ、故チョギャム・トゥルンパは「スピリチュアル・マテリアリズム」（精神の物質主義）と呼び、戒めたそうだ。

「シャクティーパットによるエネルギーの注入、教祖の入った風呂の残り湯であるミラクルポンド、教祖の脳波のデータを採り入れるためのヘッドギアなど、オウムの教義と修行のすべてが精神の物質主義によって成り立っていました。その神秘体験は戒められるべきものなのです。チベット仏教の修行のアプローチは身体と心の強張りを丁寧に解きほぐします。オウムは身体と心の強張りを持ったままクンダリニーを上げようとする。詰まっているところを上げようとすると、身体と心のバランスを崩します。不健全な間違ったヨーガを行うことで、精神的におかしくなってしまうこともあります」

麻原はヨーガの修行で得られる神秘体験と、解脱、悟りというものを混同した。否、信者を獲得するために意図的にごちゃ混ぜにしていたのではないか、という私の仮説は、林に会ってより強まった。

■ストッパーが利かない怖さ

オウム真理教の教義はヒンドゥー教やヨーガ、原始仏教、チベット仏教などからの寄せ集めである。典型的なパッチワーク宗教だった。「つまみ食い」の教義と神秘体験が重なるとどうなるのだろうか。

相愛大学人文学部教授で浄土真宗本願寺派・如来寺住職の釈徹宗は、思想家の内田樹との対談をまとめた『現代霊性論』（講談社、２０１０年）の中で、伝統宗教の立場から以下のように神秘体験に言及している。

〈オウム真理教は、密教の体系の中の自分たちの都合のいいところを、都合のいいときだけ使っていました。密教というのは、都合のよいところだけ持ってきたら非常に危ないところがあります。それこそ殺人も正当化されるような教義だって組み立てられます。

ところが、密教をきちっと順序どおりたどっていくと、宗教が持つ危ないトラップに対してリミッターが利くというか、ストッパーがかかるようにできあがってるんですね。（略）自分の都合ええとこだけあちこち持ってきて寄せ集めてすると、宗教の毒を避けられない気がします。それで危ないと申し上げているわけです。

「ポスト新宗教」は自分の体験を重視する傾向が強いです。オウム真理教もそうでしたが、神秘体験を大変なことのようにやたら言うんですけど、これにパッチワーク教義が合わさると、危険は倍増する。たとえば禅や瞑想（メディテーション）を実践すると、幻視や幻聴、まばゆい光を見る、何かの啓示を得るなど、神秘体験的な現象が起こります。でも、それは生理現象として必ず起こるものやから、そこに本質はないから気にせず捨てていけ、それに足をすくわれちゃいけないと、ちゃんと教えます。きちっとリミッターが利くようになってるんです。（略）そういった過程を経ずに、宗教の一部を自分勝手につまみ食いすると、ストッパーが利かずに宗教の毒が暴走する可能性があると思いますね〉

「伝統宗教」と呼ばれる宗派も、教祖が布教を始めたころは新宗教だった。国から弾圧を受けたり、古い宗派から攻撃されたりしながらも命脈を保ってきた。

反社会的な教義を封印するなど、少しずつ社会と折り合いをつけてきたのは生き残るための知恵＝ストッパーということだと思う。しかし、オウム真理教はそうではなかった。社会と折り合いをつけるどころか、わずか10年ほどで自爆してしまった。今も残っている後継団体の「アレフ」も事件から目をそらし、社会を敵視する態度は変わらないように思える。

ヒンドゥー教の伝統から見ても、「シャクティーパット」をはじめ、麻原の手法は邪道そのものだったことも指摘しておきたい。宗教学者の高島淳は以下のように警告している。

〈こうした体験は強烈な印象を残すので、逆に誤った方向に進む可能性も高い。そのために正しい師が常に弟子の進歩を観察し導く必要があり、書物のみでの修行は厳禁されている。従って、一人の師が指導できる人数は多くても数十人であり、それ以上の弟子を受け入れるだけで師としての資格を疑うことができる〉（高島、前掲論文）

自己流で修行を始め、自分の体験に合う教義をヒンドゥー教のヨーガ理論やチベット仏教などから引っ張ってきた麻原自身は、本格的にグルに師事した経験がなかった。弟子が増え教団として発展してくると、自分が修行をする時間もなくなった。「最終解脱」は慢心から出た言葉としか思えない。それが麻原の限界だった。破綻はやがて表れる。

■薬物イニシエーション

1986年秋、集中セミナーで「シャクティーパット」を続けていた麻原が倒れた。その場にいた元幹部の山下勝彦（仮名）の証言によると、麻原は顔面から血の気が引き、真っ青だったという。セミナーの参加者は「シャクティーパット」が目当てだったため、山下は後に教団の「大蔵省大臣」となる女性幹部らと3人一組になって、十数人の参加者に対し、麻原の代わりに「シャクティーパット」をして回った。すると、自身の身体に顕著な変化があったという。

「みぞおちが痛くなり、意識や身体が愚鈍になりました。麻原が倒れたのは煩悩に満ちた者たちとのカルマの交換を続けたためだと確信しました」

自分が倒れるまで弟子のカルマを受け続ける師の姿に、当時の山下は崇高な救済者像を見たと、次のように語った。

「クンダリニーの覚醒は自己を変革できる証明であり、超人に変わることができるという夢ときらめきがありました。実際、シャクティーパットを施されることによって神秘体験をし、オウムの修行に確信を持った人は少なくないのです。オウムの救済は麻原のシャクティーパットから始まっている」

早川紀代秀も自身の公判で〈自分の体のことも顧みず、救済のためには病気になることもいとわずシャクティパットをして、そしてハルマゲドンを防止しようとしている、非常に慈悲深い最高のグルというふうな捉え方をして〉（早川＋川村、前掲書）いた、と振り返っている。

麻原から「シャクティーパット」を受けたいという人は増え、布施の額も大幅に値上がりした。それでも希望者は後を絶たず、セミナーを一回開くたびに数百万円という大金が教団に入るようになったと山下は振り返る。

しかし、体調を崩した後、麻原は肉体的、精神的負担を遠ざけようとしたのか、一人に対して5分から10分程度で打ち切るようになった。

神秘体験をする会員は激減した。支部長として、こうした姿を見ていた山下は、麻原の中に確実にあったと思う神秘的な力が失われつつあるのを感じていた。神秘体験をしなかった会員を、うまく理由をつけて納得させることが山下の重要な役割になっていったという。麻原は、妻や弟子の上祐史浩らに「シャクティーパット」の代行を任せるようになり、在家の信者とは距離を置き始めた。

やがて導入されたのが、薬物を使ったイニシエーションだ。麻原がエネルギーを注入する手間もかからず、信者たちにインスタントに神秘体験を味わわせることができるようになり、教団にとって大きな収入源となってゆく。

杉本繁郎によると、「オウム神仙の会」当時の86年ごろ、麻原は「薬物を使った体験は邪道である」と語るなど、薬物使用を否定していたという。しかし、麻原自身の限界とともに教団内の状況が大きく変わった。90年以降、弟子たちはあまり神秘体験をしなくなったと杉本は振り返る。その理由は説得力がある。

〈ヨーガの行法を真剣に行ったならば、神秘体験は誰でも起こるはずですが、瞑想しているふりをして眠っているだけというやる気のない者たちがあまりにも増えてしまい神秘体験をしなくなったのです〉(杉本、回想録)

終末論やハルマゲドンが来るという危機感を煽り、出家する人間はどんどん増えたが、それに比例するように修行に熱心ではない弟子が多くなり、神秘体験をする者は減ってしまった。そして、肝心の麻原の力には明らかに衰えが見えた。

教祖への帰依が弱まることに危機感を抱くようになった麻原や側近たちは、新たなシステムを模索し始めた。後に教祖直属の「法皇官房※」の幹部となる側近らが検討した結果、採用されたのが薬物によるイニシエーションだった。

薬物を使ってオウムの教義を植え付け、同時に神秘体験をさせる方法として、ＬＳＤを使用した「キリストのイニシエーション※」などを思い付いたのだ、と杉本は分析する。

※法皇官房
94年6月の省庁制導入と同時に発足した教祖直属の部署。大臣は麻原の三女。東大医学部に在籍した麻原

の側近が次官を務めていた。信者の勧誘やイニシエーションなど活動は幅広かった。所属した弟子たちの中で、殺人など重大な犯罪に関与した人物は少ない。

※キリストのイニシエーション
密造した幻覚剤のＬＳＤを使った儀式。ＬＳＤを混ぜた飲料の入ったグラスを麻原から直接受け取って飲み干した後、個室で瞑想する。幻覚を見ることが多い。

■ＬＳＤや覚醒剤も

〈とにかくデータを入れればいいんだというような形で無理やり強制的にデータを入れる入れ方〉〈大量生産、しかも時間的にも早くという焦りの現れかもしれませんけど、ものすごいスピードと画一的な方法〉（早川＋川村、前掲書）と早川が振り返っているように、教団は薬物を利用して神秘体験をさせ、修行の達成者を一気に増やしてゆく乱暴なやり方を取るようになる。

元自衛官の出家信者は薬物を使ったイニシエーションの「虜《とりこ》になった」と、私に語った。「キリストのイニシエーション」の体験談は生々しい。

麻原からもらったワイングラスに入った液体を飲んだ。濃い炭酸飲料のような味だった。個室に移って瞑想をしていると胸が熱くなってきた。10分ほどすると、蓮華座《れんげざ》を組んでいた身体が自分の意思とは無関係に動き始めたという。

「『あれ、あれ』と思っているうちに、蓮華座を組んだまま、ぴょんぴょんと身体が数十センチほど跳ね始めたんです」

教団内で「ダルドリー・シッディー」※と呼ばれる現象だった。この出家信者は跳ねながら個室のドアを突き破り、外に飛び出し、他の出家信者が驚いた表情で見ていたことをよく覚えていた。

「気持ちがリラックスして、心の中が歓喜で満ちあふれた状態で、天にも昇るような快感でした。セックスの快感の10倍は気持ち良かった」

イニシエーションを受けるたびに同じようなことが起きた。イニシエーションがあることを知ると必ず志願するようになった。ある種の薬物中毒の症状だったのだろう。身体には異変が起きていた。「キリストのイニシエーション」を受けてから1週間後、身体のあちこちがかゆくなり、たまらずにかきむしるとかさぶたができた。そんな繰り返しで身体中に紫の斑点ができ、増殖した。

ワイングラスの中にLSDや覚醒剤が入っていたことを彼が知るのは、強制捜査の際に脱会した後だ。警察の事情聴取の最中にも、薬物の影響による幻覚が現れるようになった。尿検査での薬物反応はなかなか消えず、病院の精神科に入院した。足には10円玉大の斑点が30個ほど残り、医師からは「一生消えませんね」と言われた。

教祖の脳波を電気信号に変えて送り込み、1カ月で解脱できると言われた「PSI修行」のために1000万円の布施をした元信者からも話を聞いた。PSI※とは当時、よくテレビでも放映された奇妙なヘッドギアのことだ。

元信者は、高額の布施をした在家信者だけに特別に許される個室での修行に臨んだ。電極付きヘッドギアを着用すると、数秒に一度びりびりという激痛が走る。その痛みに耐えていると身体が軽くなってきたという。彼は「甘露が頭頂から降り注ぐような感じ」と表現した。

その後、出家して薬物イニシエーションを受ける機会があった。「自分の存在が光に包まれ、歓喜の状態でした。まさに自由な境地。笑いが込み上げてきました」。薬物を使っているのではないかという疑念も浮かんだが、「グルがこれだけのことをさせてくれたんだ」という思いがすべてを打ち消したという。

※ダルドリー・シッディー
オウム真理教の修行で、蓮華座を組んでエネルギーが上昇する時に自然と身体が跳ね上がる現象。ヨーガの修行でクンダリニーが覚醒すると起きるとされる。教団では一瞬浮き上がった場面を写真撮影して「空中浮揚」と称していた。

※ＰＳＩ
正式名称は「パーフェクト・サルベーション・イニシエーション」。「完全なる救済の儀式」を意味する。村井秀夫が開発した。教祖の脳波を電流としてヘッドギア経由で信者の脳に直接流し、１週間以上、毎日横たわった状態でそれを受け続ける。当初、在家信者も多額の布施をすると受けることができた。

■記憶喪失

在家時代にＬＳＤを使った「キリストのイニシエーション」を受けた元出家信者から体験を聞いた。

「治療省大臣」だった林郁夫からもらったグラスの液体を飲み干すと、万華鏡を覗いた時のような極彩色が広がった。自分がしぼんでいき、肉がそげ落ち、骨と皮になる姿が見える。変容を繰り返し、何度も転生していくような体験が続き、自分だと思っているものが幻影に過ぎないと思えてくる。意識が研ぎ澄まされ、本性が清められていくと思えて、歓喜したという。自分が麻原そのものになる一体感を得て、グルとのただならぬ縁に感動した。やがて、のどが渇き、暑さや寒さがリアルに感じられた。自分が８本足の虫になり、頭が混乱した。踏みつぶされるような圧力を感じた時、「ギャー」と叫び、意識を失った。

彼も薬物使用の疑問は浮かんだが、「薬物だけでこれだけの強烈な体験はできない。麻原さんの神秘的な力による何らかのプラスアルファもあるのではないか」と信じようとした。

薬物密造の中心人物だった「第一厚生省大臣」の遠藤誠一は、１９９５年12月18日の自身の公判で、「法律に触れるという意識があったが、教祖の下で修行を進めるという大義名分に盲従（証言ママ）してしまった」と反省した上で、「イニシエーションという宗教的体験が、実は薬物体験だったことを直視してほしい」と訴えた。しかし、薬物依存になってしまった者がそこから抜け出すのは難しい。

イニシエーションによって記憶を消されてしまう、という悲惨な体験をした信者も少なくない。私が取材した元出家信者は、94年11月からの約40日間に「ニュー・ナルコ」と呼ばれるイニシエーションを20回以上も受けていた。

麻酔剤投与と電気ショックを組み合わせたこのイニシエーションを何回も施されたのは、教団施設から脱走した妻が拉致された現場にこの元出家信者が立ち会っていたからだ。教団にとって都合が悪い記憶は消してしまえばいい、データを入れ替えればいい、という特有の身勝手な論理である。

「ニュー・ナルコ」を何回も受けた結果、この元信者は出家する前の家族の思い出すらも、記憶から欠落してしまった。眠りかけた時に全身にけいれんが何度も起きる状態が、脱会後もしばらく続いた。睡眠中に電気ショックを与える「ニュー・ナルコ」の後遺症だった。

林郁夫は、自白剤を投与し半覚醒状態の者に教義を定着させる「ナルコ」を数多くの信者に施していた。「教団から離れると地獄に落ちる」というイメージを潜在意識に植え付けた。薬物による洗脳そのものだった。「ニュー・ナルコ」は、麻原に命じられた林が、うつ病の治療で使われていた電気ショック療法について報告したことがきっかけで生まれた。

こうしたイニシエーションによって、知らないうちに死後、地獄に転生するというデータが潜在意識にインプットされ、恐怖心から教団を抜けることができない者もいた。教団を抜け出した出家信者たちが再び戻ってくることを、麻原は「ブーメラン現象」と呼んでいた。薬物使用以前はビデオやカセットテープによる教義の植え付けをしていたが、それでは時間がかかりすぎると考えたのだろう。薬物を使った後遺症は、脱会した元信者にとっても、社会復帰を困難にする大きな足かせとなった。

出家前、心臓外科の名医と呼ばれた林は率先して、人間の尊厳を無視した「人間改造」に手を貸した。医師の資格を持ちながら違法なイニシエーションを施した罪は重い。

■神秘体験に意味はない

麻原は摘発逃れのため、法規制のない幻覚物質の製造を検討するよう命じた。候補に挙がったのはマジックマッシュルーム、サボテン、ガマガエルの油などだった。遠藤誠一は、サボテンの一種であるペヨーテから得られる幻覚剤・メスカリンの製造に成功、量産して宗教儀式に使用することになった。教団自体が薬物に依存する組織になっていた。

繰り返すが、独学でヨーガの修行を重ねた麻原は、弟子に「クンダリニーの覚醒」などを起こさせる能力を一時的には有していたのかもしれない。しかし、その手法はヒンドゥー教やチベット仏教の伝統からは大きく逸脱した我流であった。さらに、それまでの修行経験で蓄積されていたであろう霊的な力は、「最終解脱した」という慢心や「救世主である」という妄想によって、すっからかんになってしまった、と私は考えている。

実は、1996年ごろ、オウム裁判の取材をしていた時期に、私も寝入りばなに尾てい骨あたりからブーンという重低音とともに熱いものが上がってくるのを感じたことがあった。

えっ、これって、あのクンダリニーの覚醒？　とかなり焦った。頭頂まで上がってくるのかなと意識したが、途中で終わってしまった。

毎日、法廷で宗教やヨーガの用語を聞いていたから、意識のどこかにそうした考えが残っていて、睡眠不足などから、その現象が起きたのだろうと思った。当時も今も、私は神秘体験にさしたる意味を感じていない。

たとえクンダリニーが覚醒したり、10センチ、20センチぐらい身体が宙に浮いたりしたとしても、人生を左右するような意味があるとは私は考えない。神秘体験が自分自身や周囲の人たちの心を豊かにするとは思えないからだ。

第3章

欲望の象徴

■解散命令

四半世紀近く前なのに、この日のことはよく覚えている。

１９９５年10月30日、法廷で杉本繁郎の初公判の取材を終えて、原稿を出稿した後、東京地裁の幹部の部屋に向かった。地裁が宗教法人としてオウム真理教の解散命令をいつ出すのかが焦点になっていたからだ。

午後1時すぎに顔を出すと、秘書がつないでくれた。

「解散命令はそろそろですかね？」と単刀直入に聞くと、幹部はあっさりと認めた。

「今日の午後あたり、危ないんじゃないか」

何食わぬ顔で部屋から辞去して、司法記者クラブのブースに電話を入れた。先輩記者が予定稿を準備してくれていたので、締め切りぎりぎりで1面トップに突っ込めた。夕刊の最終版を見ると、全国紙2紙が1面トップで同じように「きょうにも解散命令へ」と打っていた。かろうじて2紙と同着に持ち込んだというわけだ。

その日の午後、東京地裁の民事8部（金築誠志裁判長）は宗教団体に対する初めての「解散命令※」を出した。宗教法人としての解散命令が下されれば、税務上の優遇措置は取り上げられ、財産は清算される。教団は95年3月22日に強制捜査を受けた後、関連会社の名義を変更するなど資産隠しや分散の動きを活発化させていた。東京地裁が解散請求から4カ月という短期間で結論を下したのは、時間稼ぎの動きを封じる狙いがあった。

直前の杉本の初公判が強く記憶に残っているのは、解散命令という歴史的な出来事があったからだけではない。彼の上申書の一つの言葉に注意を引かれたからだ。

欲望の象徴――。

その言葉は、多くの被告や弁護士が主張していた、教祖に一方的に支配される「マインドコントロール」というものとは次元の違う何かを感じさせた。当時の私の日記には、〈彼が読んだ上申書はこれまでで一番内容があった〉と書いてある。

※宗教法人の解散命令
宗教法人法81条では、裁判所は①法令に違反して、著しく公共の福祉を害すると明らかに認められる行為をしたこと、②宗教団体の目的を著しく逸脱した行為をしたこと――などに該当する場合は、所轄庁、利害関係人もしくは検察官の請求により又は職権で、その解散を命ずることができる、と定めている。オウム真理教が初めて解散命令を受けた宗教団体になった。それ以降、宗教法人「明覚寺」が解散命令を受けている。

■それぞれの欲望を満たすために

杉本繁郎が読み上げた意見陳述（上申書）はこんな内容だ。

「私は1993年2月にいったん教団から下向しましたが、連れ戻されてしまいました。この時、教祖は『お前を帰すことは、私にとっても大きな賭けをすることになる。それは、お前が教団の秘密をあまりに知り過ぎたからだ』と言われました。

教祖の行動からして、私を広島の実家から連れ戻すことなどいとも簡単なことであるということがわかりました。最後に教祖は『一緒に死んで欲しかったのだが……』と言いました。その意味について、私は『最後まで行動をともにして欲しい。そうでないのなら、死んでもらうことになるよ』というふうに理解しました。私は教祖が今は帰してくれるだろうが、いずれ殺されることになると考え、どうせならこのまま教祖とともに進むしかない、と思い、このような選択をしたのでした」

麻原の運転手や警護役を務めていた杉本は、教祖の秘密の女性関係をも熟知していた。このまま逃げ続けても自分の家族に迷惑が及び、いずれは自分も殺される。教祖と生きる道を選ぶしかない。教団で生きるためにはどうすればいいのか……。

「教祖は私たち信者の『欲望の象徴』であったと考えています。私たちの個々の欲望の集積が『教団』という組織を形成し、教祖はその頂点に君臨して『真理の体現』という名目で欲望を満足させていたのです。私は教祖の運転手として、自分の権力欲を満たそうとしていたのです。私以外の人々はと言えば、それぞれにそれぞれのレベルで自分の欲望を満たしていました。教団にいた者すべてが教祖の歯車となり、教祖のため、あるいは真理のため、そして自らの欲望を満たすために、そこに集合していたのです。

今教団に残っている者は、私たちが本当に目指すべきであったのは、欲望を満たすことではなく、欲望を滅することであったということを、もう一度、自分の心を観察して見つめてもらいたい。そしてまず、第一にやらなければならないことは、一連のオウム事件で被害にあわれた人に対し、その責任を果たすことであるとわかって欲しい。

私たちは、教祖を聖なる象徴として礼拝してきましたが、それは私たちが、知らず知らずのうちに、私たちの欲望を満たし得る人物として礼拝していたに過ぎないことに、早く気づいてもらいたいと思います。私はオウム真理教から間違った仏教、ヨーガの教えを受けました。これからは正しい仏教、ヨーガを学び、これを心の支えにしていきたいと考えています」(杉本、上申書)

教祖の運転手として高級車のベンツを運転することで、杉本は自分の権力欲を満たそうとしていたと自省した。そして、教団にいたすべての者が、それぞれの立場で教祖の歯車になることを望み、真理のため、教祖のためという理由で自らの欲望を満たすために集まっていた——と分析した。

超能力が欲しい、クンダリニーを覚醒させたい、解脱したい、悟りたい……。すべては欲望であり、それをかなえてくれる人物として帰依したのが麻原だったことに、逮捕後、警察署の留置場で考え抜いた末に杉本は気付いたのだ、と私は思う。

「サマナ」と呼ばれる末端の出家信者の大多数は、武装化や違法行為を重ねていたことについては何も知らされていなかった。かかわっていたのは一握りの幹部クラスだった。信者たちの「修行ステージ」は教祖が決める。一流大学の大学院を出た理系の出家信者の場合、東大の大学院在学中に出家した豊田亨のように、修行経験が乏しくても高いステージを与えられていた。

武装化のために必要な頭脳だったからだ。

医学、科学、化学、法律、建築、土木……。出家信者がかつて持っていた専門的な技術はあらゆる分野で徹底的に利用された。教祖の欲望を満たすために。麻原の代わりはいなかったが、信者の代わりはいくらでもいた。

■事件にかかわったのは欲望が原因

早川紀代秀の法廷で元幹部がこんな証言をしたことが印象に残っている。

「麻原が『総理大臣と警察庁長官、防衛庁長官を拉致して国会を占拠する』と言うと、『こんな素晴らしい計画は聞いたことがない』と幹部が一斉にゴマをすった。みんな地位や権力に執着していた」

悟りや解脱とは、自己のエゴや欲望から離れることではないのか。そのための修行ではなかったのか。お世辞と追従で上司の顔色をうかがうのは、出家した人たちが捨てた現世でも醜い行為のはずではなかったか。

教団内では、教祖の下に正大師、正悟師、師長、師長補、師、師補、サマナ長、サマナなどの厳格な序列があり、「省庁制」の導入後は、師が菩師と愛師に分かれるなど、さらに細分化された。上のステージの者からの指示は拒めないという、絶対的な服従関係があった。

起訴されたオウム幹部らに対する論告で、検察は、幹部が事件にかかわった動機の一つとして「教団での地位を上げたかった」という構図を描いた。有罪にするには分かりやすい物語が求められたからだろう。そうした世俗的な動機を根本に据え、救済活動などの宗教的な動機に向けられる視点の乏しさにはずっと違和感を覚えていた。しかし、一方で、村井秀夫ら側近たちの忠誠心争いが麻原の妄想を極限まで膨らませてしまった側面は見落とすことができない。

井上嘉浩が執筆した手記「カルトを抜けて　罪と向き合う」はインターネットで公開されている。一審で無期懲役、控訴審で死刑という司法判断を受けた井上が獄中で長期間、自分を深く見つめ直したことが伝わってくる内容だ。

2000年6月の一審判決で、井上に無期懲役を言い渡した東京地裁の井上弘通裁判長は、「プライドとか自尊心とか、傲慢さとか、思い上がりとか、被告人が本件にかかわるようになったすべてを捨て去って、一人の素直な人間としての謝罪の日々を送らなければなりません」と説諭した。

その言葉の一つ一つの意味を、時間をかけてさらに深くかみしめたのだろう。オウム以外の人たちを救済しなければならないという発想や、人より修行の才能があると思っていたプライドや自尊心。教団以外の生活を知らないのに、信者以外を「真理を知らない無意味な生き方をしている人たち」と見下し、彼らをハルマゲドンから救うには「犠牲も仕方がない」と考えた傲慢さ。グルの意思を実践する限り、自分が過ちを犯すはずがないという思い上がり……。こうした点を踏まえて、井上は以下のように総括している。

〈結局私が事件に関わってしまったのは、このような私の欲望が原因でした。／つまるところ私は、プライドや自尊心や傲慢さや思い上がりによって自分の良心を殺し続けていました。だからこそ他者の人生を実感せず、他の弟子のことも考えず、殺人を手伝えたのだと思います。私は良心を殺すことによって、他者の「いのち」とでもいうべき尊厳性を否定していました〉（井上、「カルトを抜けて　罪と向き合う」）

事件にかかわった背景に、知らず知らずのうちに心の中に育っていった自らの欲望があることを、井上は直視できるようになったのではないか。長く続いた裁判の手続きは、その気付きのために必要な時間だったのかもしれない。

■自分を高く評価するものを信じたい

なぜ麻原を信じてしまったか、の問いに対し、正大師という最高幹部だった上祐史浩は自著で、率直に回想している。

〈麻原は私のことを「菩薩」などと言って、極めて高く称賛した。弟子たちは麻原に誇大妄想的な自尊心を満たされ、自分でも気づかないうちに、麻原を信じたいと思う気持ちになっていた。つまり、正しいから信じるのではなく、自分を高く評価するものを信じたいという心理である。（略）／麻原は自身が神の化身だと主張するだけでなく、弟子たちも、自分に帰依すれば「解脱者」「超能力者」になれると説いた。これは、ほかの教祖には、あまり見られない特徴だった。信者は救われるだけでなく、自ら神に近づけるというのだ。／そして、麻原は「君たちが懸命に修行し、３万人の『成就者』が出て、オウムが世界中の宗教になれば、第三次大戦を防げる」と主張するのだ。／自己存在価値に飢えていた当時の私を含めた若者たちは、地球を救う重要な存在になることができるという話に、まさに熱狂した。いや、してしまったのである〉（上祐、前掲書）

上祐は、オウム真理教が正しいから信じたのではなかった、と明言した。承認欲求を満たしてくれる人だから信じたい、という心理が働いていたと、分析するのだ。閉ざされた階層社会の中で教祖から高く評価されれば、居心地は良かったに違いない。

時に包容力たっぷりに持ち上げ、時には父親のように叱り飛ばし、麻原は弟子たちの心をがっしりと掌握した。自分に続く成就者が３万人出れば、世界をハルマゲドンという滅亡の淵から救うことができるのだ、と弟子たちを言葉巧みに煽った。解脱者、超能力者になって、みんなで地球を破滅から救うんだ、という発想は、やがて自分たちがハルマゲドンを起こし、オウム以外の人々を皆殺しにするという妄想へと１８０度転換する。

第4章で詳述するが、衆院選で惨敗した後、麻原は第1サティアン（オウム真理教では、教団の建物を「真理」を意味する「サティアン」と呼んだ）2階の大広間に古参幹部と理系の出家信者計20人を集め、大乗（マハーヤーナ）ではだめだから、これからはヴァジラヤーナでいく、という極秘説法をした。「武装化宣言」である。麻原は最後にこう言った。

〈今回の計画で私は教団の中で信頼できる（と私が判断した）君達を選びました。君達は特別な魂なんだからしっかりやってくれ〉（杉本繁郎、手記「救済という名の犯罪」）

その場に呼ばれた杉本は、「私は多くのサマナたちの中から選ばれた特別な魂なんだ」という満足感が溢れ、人が死ぬのではないか、犯罪行為なのではないか、という思いを打ち消したという。

岡崎一明の一審公判に出廷した元古参幹部の証言によると、選ばれた特別な弟子だけがヴァジラヤーナの修行ができる、と麻原は語っていたという。

〈最高の喜びですね。よく麻原が言っていたのは、解脱は今生では普通の人間では無理であると言っていましたけど、タントラヴァジラヤーナ（引用者注・第4章にて説明）の修行者だけはいけると、常々言っていました。（略）ほかの弟子とは違うという意識は、相当あったと思います。（略）グルがやれというんだから何も考えずにやりましょうという集団になっていきました〉（元幹部、1998年5月12日の岡崎一明の公判調書）

早川紀代秀もまた、麻原から「前世からの菩薩である」と称えられた人物だった。

坂本弁護士一家殺害事件までは、グルの権威を疑うことはみじんもなかったが、90年の衆院選での惨敗や石垣島セミナー、熊本県警に逮捕された国土利用計画法違反事件の後では、麻原の言うことを全面的に信じることはなくなっていた。しかし、疑問を持ちながら、結局は従ってしまった。自らが認めた権威を根本からは否定できず、他の側近のせいにしたり、疑念を持つ自分を疑ったり、状況のせいにしたりしたという。

〈幻想の中で自分を救済者であると特別視し、エゴを喜ばせるという過ちも犯しました。また、もともとめざしていたエゴを滅し、グルにすべてを明け渡すという行為のなかに、すでにエゴとしての〝自ら認めた権威〟が育っていたことにも気づくべきでした。本当にエゴを滅するためには、その〝自ら認めた権威〟すらも滅しなければいけなかったのです〉（早川＋川村、前掲書）

自らが認めた権威を否定することは、自らを否定することになる。全面的に「明け渡した」つもりでも、心の中に育っているのは、自分のエゴが育てた権威だったのだ。特別に選ばれた救済者であるという思いは、本来消し去るべきエゴを満足させた。「グルの意思を実践することが功徳であり、修行である」という教義は、人を傷つけることへのハードルを低くした。

94年11月に、脱会信者を匿《かくま》っていた駐車場経営者への化学兵器のＶＸを使った襲撃がいったん失敗した後、土谷正実は麻原に純度の高いＶＸを作り直すことを志願した。ある幹部の公判の冒頭陳述で、検察側はその場面を再現している。

麻原「神通（ＶＸ）が効かなかったみたいだが、どうしてだと思う」
土谷「純粋のＶＸをつくらせて下さい」
麻原「お前の思う通りのやり方でＶＸそのものをつくれ、大急ぎでつくれ」

皮膚に付着した場合の毒性が、サリンの１００倍と言われるＶＸの製造は、化学者としての土谷の好奇心を強く刺激したのではないか。自身のホーリーネームを冠した専用研究施設クシティガルバ棟を与えられていた土谷は、ほどなく純粋なVXの製造に成功した。

サリンやVX以外にも、土谷はソマン、イペリットなどの化学兵器の製造に成功していた。

法廷で黙秘を貫いていたが、最高裁への上申書ではこう本心を吐露している。

〈村井は「国家権力から攻撃を受けることを想定して、自衛のため武器を持つとして私に化学兵器製造を指示してきた訳ですが、私には心底からのものすごい抵抗感があり「実験室に行こうと思っても、足が前に出ない」というほどでした〉

宗教的呪縛を取り除けば、土谷は人を殺すことができる猛毒の化学兵器をつくることに脅えていたのかもしれない。

一方で土谷は出家前、「オウムは大学以上の設備が整っている。20時間も研究できる」「麻原尊師から、君は才能がある。教団のために働かないかと誘われた」などと周囲に話していた。

土谷と幼いころからの顔見知りで、2010年春から13年初夏まで拘置所で面会をしていた作家の大石圭は、『オウムと死刑』(河出書房新社編集部編、18年)の中で以下のように書いている。

〈「サリンなんか、作りたくなかった」

彼は僕に何度となくそう言った。

おそらく、それは本心だったと思う。

けれど、彼は作ってしまった。それは、なぜだったのだろう?

麻原彰晃という男に褒められたかった。たぶん、それが理由なのではないかと、今、僕は思う。

絶対者として信じている男に、認められたかったからなのだろう、と。

麻原に認められたい、褒められたいと考えたのは彼だけではない。この七月に刑に処せられた麻原以外の十二人も、同じ理由から罪人になってしまったのだと僕は考える〉

土谷もまた、自分の才能を生かして教団のために化学兵器を生みだし、教祖に認められることで選ばれし者であるという自尊心を満たしていたのではないか。

■欲にまみれた教祖

「欲望の象徴」として信者の頂点に君臨していた麻原ほど、我欲にまみれた人物はいなかった。あえて俗物を装い、弟子たちの帰依を試していたのでは、という見方をする弟子さえいた。

麻原は在家として、妻子と暮らしていた。妻との間に2男4女がいた。弟子には性の破戒を禁じながら、側近の女性幹部との間に3人の子どもをつくり、身の回りの世話をする「ダーキニー」と呼ばれる女性信者との間にも子どもが一人いる。「ダーキニー」たちとの性交渉を「左道タントライニシエーション」と名付け、正当化していた。

麻原彰晃という人物はどんな半生を生きてきたのか。

1955年、熊本・八代市に7人きょうだいの四男として生を受けた。松本智津夫が本名である。先天性の視覚障害のため、左目はほとんど見えなかったが、右目は弱視で視力はあった。

地下鉄サリン事件後の95年3月26日から28日まで、私は八代市に住む麻原の弟や熊本市内の盲学校の関係者を取材した。東京新聞の友好紙である西日本新聞の記者の車に乗せてもらい、関係者を探した。

「僕の身代わりになって父にたたかれてくれた。皮膚病のネコには、アロエをせんじて塗って治してやるような優しい兄だった」

年が近く仲が良かったという弟は、幼いころの思い出を振り返った。

実家の経済的事情から、小学校入学時に半ば強制的に全寮制の県立盲学校に入学させられたことで、「親に捨てられた」と強い恨みを抱いたと言われる。盲学校の高等部時代、柔道で二段を取得するなど、スポーツは得意だった。成績は「中の上」。全盲の生徒が多い中、弱視とはいえ視力のある麻原は、ある意味で特権階級にいた。毛沢東の本が愛読書だった。

「体育祭で応援団長を買って出るなど、目立ちたがり屋な面もあった。叱ると『なんでそれが悪いんだ』と理屈をこねて言い返すようなところがあった」と高等部時代の恩師は私に語った。中学、高等部で生徒会長の選挙に立候補したが落選している。相手を取り込む話術にはたけていたが、年下の相手には気に入らないと暴力をふるうところが恐れられていた。

好きな歌手は西城秀樹。「下手くそなのによく歌っていた」と弟は語った。高等部時代、年下の中学生と争いになり、腕を折る大けがをさせたことも。

盲学校専攻科を卒業したころ、「熊大を出て教員なんておかしくってやってられない」「東大を出て政治家になる」と公言していた。手相を見てもらうたびに「政治家になれるか」という質問を口にした。このころ、宗教に傾注した様子はまだない。

76年6月には八代市のホテルの客室で、マッサージ師仲間とのトラブルで暴力をふるい、傷害罪で罰金1万5000円に処せられている。

「独学で英語と中国語を学ぶなど勉強家だったが、自負心の強いところがあって、同級生は彼を敬遠していた」と、麻原が当時働いていた治療院の経営者は回想する。

上京後、予備校在学中の78年1月、ここで知り合った女性と結婚する。その後、進学はあきらめ、船橋市で鍼灸院を開業、薬局も開き健康薬品の販売を手掛けるようになった。鍼灸院は腕の良さが評判となり、全国から客が集まったという。

しかし、80年、保険料の不正請求が発覚し、670万円の返還を要求される。82年には薬事法違反容疑で警視庁に逮捕された。「風湿精」「清龍丹」と称するニセ薬を一瓶6万円もの値段をつけて売り、数千万円を荒稼ぎしたとして逮捕され、罰金20万円の略式命令を受けた。逮捕のニュースはテレビや新聞で報じられた。

麻原が宗教に関心を向けるようになったのはこのころだった。自分が一所懸命に鍼灸治療をし完治したはずの患者が、元の生活に戻ると、すぐに再発してしまう。「自分は無駄なことをしているのではないか」という疑問がわいたのがきっかけだったという。

〈その時初めて私は、立ち止まって考えてみたのである。自分は、何をするために生きているのだろうか、と。この〝無常感〟を乗り越えるためには、何が必要なのだろうか、と……〉

麻原は四柱推命などの運命学の研究や仙道の修行に熱中するようになった。仙道の修行で幽体離脱などの経験をした、と自著『超能力「秘密の開発法」』に書いている。
82年に薬事法違反の容疑で逮捕された直後、麻原は郷里・熊本の長兄に電話を入れ、懇願するような口調で語っている。
「教祖になってくれないか。一緒にやってほしいんだ」。三番目の兄にも「手伝ってくれないか」と声を掛けていた。温めてきた教団設立に、自ら断を下したのはこのころではないかと、兄たちは推測する。（東京新聞、95年9月14日朝刊）
挫折続きだった人生に光が差し始めるのは、逮捕から2年後の84年、東京・渋谷のマンションの一室にヨーガ教室を開いたころだ。牧歌的な雰囲気だったヨーガ教室には若い男女が集まり、「先生、先生」と慕われた。やがて、オカルト雑誌などに売り込んだ「空中浮揚」の写真や、「超能力が身に付く」という宣伝文句が、精神世界を求める若者たちに浸透してゆく。

■事業として新興宗教をやりたい

一つのエピソードを紹介する。

１９８４年、麻原は京都市内の探偵会社「目川探偵局」を訪ねている。96年、私が目川重治局長に取材したところによると、「松本智津夫」と本名を名乗った目の不自由な青年は、「事業として新興宗教をやりたいのです」という趣旨のことを切り出した。依頼したのは、奈良・天理市に本拠を置く天理教の収入実態の調査だった。

1週間後に再訪した青年は、調査内容を吹き込んだカセットテープ2本を受け取ったまま、料金の大半を踏み倒した。目の不自由な麻原のためにと、目川が吹き込んだテープだった。目川は麻原のことをよく記憶していた。それは麻原との間に、次のような言葉遊びみたいなやり取りがあったからだという。

「何かいい名前はありませんか?」

麻原から新しく始めたい宗教の名前を問われた目川は、天理教を念頭に「あんり教」「いんり教」とあ行から順に言い始めた。「しんり教」に至ると、麻原は目を輝かせ満足そうな表情を見せたという。

「真理教ですか。なかなかいい名前ですね」

「オウム神仙の会」発足と同じ年に、麻原が宗教を、収入を得るための「道具」と考えていたことを示すエピソードとも言える。

杉本繁郎によると、86年ごろまでの「オウム神仙の会」には教義らしきものは存在していなかった。ヨーガの行法を学ぶことが中心だったので教義などは特段、必要なかったからだ。

ところが、麻原が86年夏に「解脱した」と言い始めた後、それまでに実践してきたヨーガの行法の元になった教えまで否定するようになり、麻原自身が説く教義、法則こそが唯一絶対とされるようになった。密かに回し読みされ、修行の参考にされていた中沢新一の著書『虹の階梯――チベット密教の瞑想修行』（前掲）なども読むことを禁じられた。

初期の教団を知る元幹部の話を総合すると、麻原が最も影響を受けたのは、祭壇に写真を飾るほど傾倒していたインドのヨーガ行者、スワミ・ヨーゲシヴァラナンダの著書『魂の科学』（たま出版、84年）だった。

「麻原はヨーガをベースとした我流の修行で得た体験が何を意味するのか、経典や注釈書、ヨーガの本を読み、自分の体験を裏付ける部分だけを採り入れた。その結果、教義はつぎはぎだらけになった」（元幹部）。パッチワーク宗教の危険性は、第2章で指摘した通りである。

■おれは最終解脱したよな

出家制度が始まる直前の1986年の夏。東京・渋谷の繁華街にあるマンションの一室で、男女十数人の若者たちが、「最終解脱した」と公言した麻原に、相次いで質問を浴びせる場面があった。家具のない二間続きの部屋にはカーペットが敷き詰められ、粗末な祭壇がぽつんと設けられていた。「先生、本当に最終解脱したんですか」「最終解脱とはどういう状態なのですか」。質問攻めに苛立ったのか、麻原は傍らにいた側近の女性に同意を求めた。

「なあ、おれは最終解脱したよな」。麻原が「最終解脱」したと公言するヒマラヤ旅行から帰国した直後のことだ。

この場に居合わせた佐々木博光（仮名）は、97年6月19日、東京地裁で開かれた岡崎一明の公判に証人出廷し、当時の様子を証言している。

〈（麻原は）いきなりヒマラヤへ行って解脱したなんて言ったわけですよ。半分僕は信じられなかったんですね。それで、信者にしてみればすごいことだから、みんな集まってきて、麻原を前にして、いろいろな質問をしてきたわけですよ。（略）どこで解脱したんですかとか、どういうふうに解脱したんですかとか、最初はいろいろ受けていたみたいですけれども、最後のほうになって、やはり答えづらくなってきたんですね。

それで、横にいた＊＊に、なあ、おれ、最終解脱したよなと問いただしたんですね。それを横で僕は聞いたときに、これは全くうそだなという、うそをついているというのはすぐ分かりまして、それからが不信の始まりですね〉

〈もともと主観的なものであるものを、自分のことだけの体験なのに、第一、人に問いただして分かるような問題じゃないんですよ。それも、悟ってもいない自分の弟子にそういうことを言うこと自体が、もう既におかしいんですよ。だから、これはうそだ、もうすぐ分かりまして〉（岡崎一明の公判調書から。＊＊はすでに服役を終えているので著者の判断で匿名にした）

佐々木は最初の側近として出家制度の原型を整えることに注力するが、この時の違和感を引きずり続けた。

「最終解脱」のいかがわしさを、杉本繁郎も次のように指摘している。

〈もし、本当に最終解脱に至ったのであれば、その時、行じていた行法こそが我々を解脱に導く唯一絶対的な行法であるはず。しかし、教団にはその行法が存在していない〉（回想録）

杉本によると、ヒマラヤに行った当時、麻原はインドの著名なヨーガ行者に師事していた。解脱させてやると言われ、３００万円近い金を騙し取られたことがあったという。〈麻原は真剣に解脱、悟りを求めていたが、行者に騙されたことから、自らが本当に解脱、悟りへと至る必要はなく、自称最終解脱者で良い、それで人を騙せる、自分の欲望を満たせるという認識に至ったということです〉（筆者への手紙）と分析している。

■サークル的気分を楽しみたい者は去れ

「これからは仏教系でいくか、ヨーガ系でいくか、みんなはどっちだ。ヨーガ系でやっていきたいものは手を挙げろ。仏教系だったら（頭は）坊主だぞ」

出家制度が始まった後の１９８７年ごろ、東京・世田谷にあった「オウム神仙の会」の本部で、麻原がこう切り出したことがある。元幹部への取材によると、ほぼ全員がヨーガ系でいきたいと主張した。

弟子の多くはヨーガ行法による心身の変革を求めていて、自分たちが宗教団体であるという意識は薄かった。何かを信じるというより、ヨーガによって自分の内側にアプローチすることを目指していたからだ。まさにニュー・エイジの発想だ。

しばらくすると、麻原は「オウム神仙の会」の名称を変えたいと言い出した。「どんな名前がいいだろうか」と言った麻原は突然、提案した。「真理教なんてどうだ」

その場にいた弟子のうち、一人の女性幹部を除く全員が強い拒絶反応を示したという。

「みんな、『えーっ』という反応だった。宗教じゃないという感覚でやってきたのに『真理

教』じゃ、いかにも新興宗教じゃないですか」（元幹部）

弟子たちの猛反発を受けていったんは撤回するが、翌日には名称を「オウム真理教」とすることが決まった。「シヴァ神の意思だ」と言い放つ麻原を前にして、反論の余地はなかったという。

改名の経緯を早川紀代秀が詳しく書いている。

〈グル麻原の説法からすると、「シヴァ神から、神仙の会という名前では弱い。もっと強く宗教性を打ち出さないとだめだという示唆があったからだ」ということでした。この名称変更には、スタッフやサンガの人達で反対する人もいたようですが、そういう人達に対しては、グル麻原は、「救済を成功させるためには、もっと教えを強力に広めていく必要があり、そのための改名である。いつまでも、こぢんまりとしたサークル的気分を楽しみたいものは去れ」というような厳しい態度を示したということでした〉（早川＋川村、前掲書）

「真理教」はその場での思い付きではない。京都の探偵社でのやり取りを思い出してほしい。「真理教」の名称はだいぶ前から麻原の胸の内にあったのだ。

87年7月、「オウム神仙の会」から「オウム真理教」への変更で会員は一時的に減った。しかし、その影響はほとんど感じられないほど信者の数は増加していった。

■宗教法人の認証

ヨーガ教室から始まった教団は、発足から3年半あまりで1000人を超える信者を擁するまでに発展していった。

出家をめぐるトラブルにより自民党の代議士から横やりが入り、宗教法人の認証手続きが一時的に滞った時、麻原は200人ほどの信者を引き連れ、認証を求めて都庁の中を歩き回るパフォーマンスも見せた。外部に嫌悪感を抱かせる行為であっても、内部では英雄視された。

〈このような行動力は当時の我々にとって大変力強いものとして映り、最終解脱者としての偉大な力を実感しました。この当時の我々の中に麻原は偉大な力が備わっているということについて疑うものなど誰もいなかったのです〉（杉本繁郎、回想録）

絶対的な指導者にすべてを明け渡せば、思考停止したまま楽に生きていける。教団はそういう場所でもあった。そして、弟子の多くは理想の父親像を麻原に重ねていた。

「あらゆる疑問に答えを出してくれる麻原はめちゃくちゃ強い存在だった。この人に身を任せれば、いつか解脱に導いてくれるのではないかと信じていたんです。外の世界の凡夫たちが全員敵であっても、私たちの真理の実践者ほど強いものはない。尊師さえいれば、怖いものなどなかった」（元出家信者）

麻原が衆院選に出馬することを決めた2カ月後の1989年10月から、雑誌『サンデー毎日』によるオウム真理教批判キャンペーン「オウム真理教の狂気」が始まった。100万円以上の布施をした信者に、麻原が自身の血を飲ませる「血のイニシエーション」を施したことなどが批判された。

記事によって教団を去った人もいた。しかし、「尊師の衆院選当選を妨害するためのものだ」という陰謀説が説得力を持ち、麻原への信を強めることになった面もあると、杉本は振り返る。麻原以下25人が立候補した90年の衆院選は、供託金を没収される惨敗で終わるが、支部への入信者は増えていった。結果として教団に対する『サンデー毎日』のバッシングは〈教団の焼け太りで終わった〉（杉本、回想録）という。

杉本は出家制度のスタート時から衆院選惨敗までを、次のように振り返っている。

〈私が麻原と出会った頃、麻原はとても謙虚な人であるように私の目には映っておりました。しかしながら出家制度がスタートして以降、麻原は我々に対する支配欲とでもいうべきものが顕現し始めたように思います。（略）我々を解脱へと導いてくれる唯一のグルであると麻原が語っていたこと以外に麻原を尊敬できる何か、例えばその人間性などがあったのかというと必らずしもそうではなかった。（略）尊敬できる人として接していたのではなく我々を解脱へと導いてくれるというわば我々の欲望を満たしてくれる人物として、あるいは我々を輪廻転生から救い出してくれる唯一の人物としてなど、あるのかないのか分からないことを前提にして麻原に接しグルと弟子の関係を結び麻原から支配されることに対して疑念疑問を抱くことなく教団で過ごして来たのだと思います。しかしこのような関係は本来健全なものではなく（略）〉（杉本、手記「救済という名の犯罪」）

麻原への疑念は、弟子の信仰や帰依の不足で、心の汚れの表れであると考えられていた。教祖が間違ったことを言ったとしても、弟子の修行を進めるための「マハームドラー」（第5章で詳述）であると先回りして考える思考パターンに弟子たちは慣らされ、麻原の絶対性が高まってゆくシステムが作り上げられていた。

■出家制度の発足

他の新興宗教団体と比較して、オウム真理教の際立った特徴は、徹底した出家主義を採っていたことだ。家族と縁を切り、テレフォンカード1枚まで教団に財産を布施した上で出家した後、信者たちは教団の運営のために「ワーク」に従事していた。

〈「私は真理を実践したいといって出家した人に対しては、どんなことをしても守ってやろうと思う。たとえその一人のために、教団が弾圧されようともだ」〉と麻原が出家制度に強い思い入れを持っていたことを、早川紀代秀は前掲書で明らかにしている。

貧しさ故に全寮制の盲学校に入れられたという親への反発が、根底にあるのかもしれない。麻原は、家族の反対があって出家を躊躇《ちゅうちょ》する信者を「反対する家族が悪業を積む」と脅し、出家に踏み切らせた。広瀬健一もそう説得された一人だ。

そのオウムの出家制度の原型を整えたのは、側近第1号の佐々木博光である。

佐々木は「ラジニーシ」の日本支部にいた経験を買われ、すぐに麻原の側近になった。身体を地面に投げ出す修行「五体投地」10万回を、20日間のスピードで終え、男性信者では初めて、インドの聖者にちなむホーリーネームを麻原からもらった。

1986年8月、神奈川・丹沢の山荘で開かれたセミナーの途中、麻原から「君の経験を生かし、サンガみたいなものをつくりたいのだが」と要請された。かつて彼が所属していた「ラジニーシ」は、米国で幹部が事件を起こし、教祖がインドに強制送還された。それをきっかけに、佐々木は8カ月でその団体から抜け出していた。

「君が中心になってつくってくれないか」

麻原は重ねて頼んできたが、「ラジニーシ」が起こした事件も脳裏に浮かび、即答できなかったと佐々木は言う。しかし、セミナー終了後、最寄りの駅までの車の中で別の幹部からも頼まれ、渋々引き受けることにした。

同年秋、横浜市内に借りた一軒家で、集団生活はすぐに動き始める。麻原が選んだメンバーは、オウム以外で修行経験のある人間が多かった。「五体投地」を半年間で10万回行うことを目指した。それぞれがアルバイトで120万円を稼ぎ、布施をすることが決められた。

共同生活をしながら修行することなどは、佐々木の提案だった。新実智光、杉本繁郎ら古くからの弟子たちが、コンビニエンスストアや土木工事現場で働きながら修行に没頭した。女性信者は世田谷に移った本部で暮らし、麻原は船橋市の自宅から本部に通っていた。

佐々木によると、そのころから麻原の金に対する執着も目立つようになったという。在家信者の修行コースの料金が大きく引き上げられた。「このぐらい出さなきゃ、解脱なんてできないんだ」と麻原が言い放ったのを覚えている。

■教祖への全面依存

十数人の弟子から始まったサンガは、徐々に出家制度として整備され、教団はどんどん大きくなった。それにつれて牧歌的な雰囲気は消え、信者同士の横の関係は希薄になっていく。1987年夏ごろ、青年部のリーダー的存在だった信者が、仲のいい信者数人を引き連れて新しい団体を設立した。これを「分派活動」と考えた麻原は、信者の管理を厳しくし、在家信者の間でも電話番号を教え合うな、との指示を徹底した。

出家信者同士の私語は禁じられ、カルマが移ることを恐れて、お互いの持ち物に触ることもなかった。やがては、出家信者が相互に監視することを奨励する密告社会になってゆく。出家したからといって修行に専念できるわけではなかった。教団を拡大するためにさまざまな「ワーク」が出家信者には課されていた。修行＝「ワーク」が実態だった。岡崎一明は「出家者の人件費はゼロ。出家者を働かせる他にない出家システムだからこそ、どんな事業を興してもオウムは成功し拡大した」と、私に解説した。

睡眠時間は極端に少なく、一日1食か2食の「オウム食」では栄養も不足する。その中で「ワーク」に追いまくられれば、指示を受けて動くことしかできなくなる。自分の時間は一切なく、24時間をグルである麻原に捧げる生活によって、信者たちはますます教祖への帰依を強めるという悪循環に陥っていた。教義を植え付けるのには最適な環境だった。

〈弟子（サマナ）は修行の上では、グルのエネルギー移入によって霊的ステージを上げていくということで全般的にグルに依存し、日常生活においても、住む所から食べるもの、着るものまで、何から何まですべて、グルに依存した生活をしていたと言えます。このような集団においては、いやが上にも、グル麻原の権威や権力は増大し絶大なものとなっていくと思います〉（早川＋川村、前掲書）

出版事業や、出家信者を無償で働かせて生産した安価なパソコンを、教団が設立したコンピューター会社「マハーポーシャ」製として販売した売り上げなども大きな収入源になっていた。中川智正の麻原公判での証言によると、94年には教団の毎月の収入は7～8億円あったという。出家制度は、信者からの経済的な収奪だけではなく、教祖への依存心でがんじがらめにする帰依システムへと強化されてゆく。

私が取材した元出家信者は、「尊師がロシアの子どもを救ってもカネにならないと言っているわよ」と麻原の妻から聞き、教祖が本当に人類を救済する気があるのか疑問を感じるようになったが、教団から離れることはなかった。彼は私にこう語っている。「その時の私は単なる部品でした。何も考えないでワークをこなす歯車に過ぎなかったんです」

飛騨高山で在俗ラマ僧としてオウム信者の脱会カウンセリングを続けてきた林久義は、反社会的カルトの特徴として3点を挙げている。

うそをつくこと、信者の自由を支配すること、世紀末思想によって恐怖感や危機感を煽り立てること――である。オウム真理教にはすべてが当てはまるが、とりわけ出家制度の下で強化されたのは「信者の自由の支配」だった。

出家制度の原型を整えた佐々木は、わずか1年で麻原のもとを去った。側近だからこそ、麻原の矛盾も分かってきたからだ。「先生はすべてお見通しだ」と弟子を感激させた「読心術」も、幹部からあらかじめ情報を仕入れた上での演技だったことを知った。

佐々木と仲の良かった友人を麻原は「阿含宗のスパイ」と思い込み、尾行を命じられたこともあった。見失った時には、ひどい剣幕で麻原に怒られたという。修行するために入ったのに……。幻滅ばかりが募っていった。「毛沢東が好きなんだ」と麻原が言うのを聞いた時の驚きも忘れられないという。当然、ヨーガの聖者の名前が出ると思っていたからだ。1年で教団を辞めて、「運が良かった」とよく言われるが、それは違うと佐々木は私に語った。

「私は側近でないと分からない麻原の本質を知っていた。異常なまでの猜疑心《さいぎしん》と怒りっぽさ、教義をねじ曲げる性格。あの男が金と権力を持ったらどうなるか、見当が付きました」

麻原は何を目指したと思いますか？　96年3月ごろに佐々木に聞いたことがある。彼は即座に言い切った。

「王ですよ。日本じゃなくて世界の王。言葉の端々からにじみ出ていた。解脱、悟りを求めるための集団であれば、あそこまで組織を大きくする必要はないのだから」

第4章

武装化

■ノートに貼った詩

龍ぼうの入学式

二年生のお歌が終わった。／ピアノの音で、おじぎした。／腰掛けの下で真新しい／上履が、揺れ出した。／一組、二組、三組と、どの足もゆれている。／教頭先生のお話で／足は止まった、白にブルーの上履、／再びうごく、子供の足、／龍ぼうの足だけが揺れない、／一緒に揺れない。／たいくつした足がブラブラ動く、／龍ぼうの上履は、袋の中。／いつ一緒に揺れるのだろう、／可愛い足よ、上履きよ、／早く、早く、揺れてほしい。／教科書は、算数、国語、生活科…（略）。／都子さん、貴女の楽しみなのに、代役をする私は悲しい。／貴女の笑顔は、何時ですか。／ランドセルを、買いました。／堤、都子さん、ごめんなさい、／洋服、靴も、上履きも、名前を入れたのは、／私です。都子さん、ごめんなさい。／貴女の帰りが、余りにも遅いので、仕方なく書きました。／一年二組、さかもと・たつひこと書きました。寂しい一日でした。

坂本堤弁護士の長男・龍彦が生きていれば小学校に入学する年に、祖母の坂本さちよが書いた詩だ。産経新聞（１９９６年3月11日朝刊）に掲載されていた。私はこれをコピーしてノートに貼っている。何度読んでも心を揺さぶられる。

坂本の家族や弁護士仲間は、一家が連れ去られた先で生きている、という望みを持って救出活動を続けてきた。しかし、89年11月初め、行方不明であることが明らかになった時、すでに3人は惨殺されていたのだ。

麻原の指示を受けて早川紀代秀、村井秀夫、岡崎一明、新実智光、中川智正、端本悟の6人が坂本弁護士のアパートを襲い、坂本だけでなく、妻の都子、長男の龍彦まで殺し、別々の山中に埋めた。

オウム真理教の最大の特徴は、東京都から認証を受けた宗教法人でありながら、サリンやVXなどの化学兵器を非合法に密造し、武装化を進めたことだ。宗教的確信に基づく国家転覆の野望を、麻原はヨーガ教室だった「オウム神仙の会」の時点で弟子の前ですでに口にしていた。

その暗い野望の実現に踏み出すきっかけとなる出来事があった。富士山総本部完成1カ月後の88年9月22日、在家信者が修行中に死亡する事故が起きた。教団が宗教団体から犯罪組織に変質する「原点」だった。

■救済がストップしてしまう

当時、「極限集中修行」と呼ばれる修行があった。出家信者に課された修行だったが、在家信者の中にも希望して参加する人がいた。真島照之（25歳、当時）はその一人だった。一日16時間の立位礼拝の修行は、出家信者にとっても相当ハードだ。1988年8月に富士山総本部が完成して間もなく、真島は精神に変調をきたすようになった。ある一点を凝視して動かなくなり、意味不明なことを言ったり、窓から飛び降りようとして取り押さえられたりしたこともあった。

ある日、真島は今までになく大暴れし始め、5、6人によって取り押さえられた。放置すれば大けがをする可能性があるという判断から、しばらくの間、コンテナの独房に入れておくことになった。

独房に移されてから数日後、富士山総本部の2階道場に戻された。真島はぶるぶる身体を震わせていた。「冷やせば治る。風呂で水をかけろ」との指示があり、出家信者たちに頭や身体を水に浸けられた真島は、心臓麻痺を起こして死亡したとされる。新実智光らが心臓マッサージを施し、麻原がエネルギーを注入する儀式をしたが蘇生しなかった。

当時、教団信者は在家を含めて1000人を超え、宗教法人の認証を東京都に申請する準備を進めていた。新実の一審判決や岡崎一明の法廷証言などによると、弟子から真島の死亡について報告を受けた麻原はこう問い掛けた。

「公表すると救済がストップしてしまう。どうするか?」

弟子たちからはこんな声が上がった。

「内々に処理した方がいい」「警察で遺体をいじられエネルギーを乱されるより、教団で手厚く葬った方がいい」

それを受けて麻原は村井秀夫や岡崎らに「おまえたちが護摩壇をつくって燃やせ」と指示

し、遺体はドラム缶で焼かれた。遺灰は精進湖にまかれた。

遺体を焼いている時、「グルが真島を天界にポアした」という知らせが早川紀代秀の元に届いた。それを聞いてうらやましいとさえ思ったと、早川は前掲書で振り返っている。真島事件が起きた時、麻原がこうつぶやいたのを早川は聞いた。

「ヴァジラヤーナ※へ入れというシヴァ神からの示唆だな」

反社会的な事件の隠蔽も可能であることを、麻原は真島事件から学び、宗教的意味付けを弟子たちに与えることもできた。麻原にとって真島事件は「成功体験」だった。

この事故処理の方法について、なぜ麻原は自分の意志で決定せず、幹部たちに意見を聞いたのか。新実は自身の一審の法廷でこう語っている。

〈「ヴァジラヤーナの実践をさせようという意味で、皆を巻き込みたかったのではないかと。誘導したかったのだと考えています。弟子がついてくるかどうかの迷いが、尊師にはあったと思う」〉（藤田庄市、『宗教事件の内側──精神を呪縛される人びと』、岩波書店、２００８年）

「救済がストップしてしまう」──それは弟子の思考を停止させる魔法のキーワードだった。

※ヴァジラヤーナ
本来はチベット仏教の教義の一つで、「金剛乗」ともいう。「ヴァジュラヤーナ」がチベット仏教本来の発音。オウム真理教では、「ヒナヤーナ（小乗）」や「マハーヤーナ（大乗）」よりも上位の教えと位置付け

た。目的のためなら手段を選ばない、殺人ですら肯定されるとした。チベット仏教では、金剛乗は大乗の内にある教えであり、オウムの考えはチベット仏教の教義から大きく逸脱していたと批判されている。麻原は「タントラヴァジラヤーナ」という言葉も使っているが、「ヴァジラヤーナ」と意味はほぼ同じと考えていい。

■ロープで一気に絞めろ

1989年2月上旬深夜、脱会を申し出た出家信者の田口修二（21歳、当時）が首の骨を折られて殺された。真島事件から半年も経っていなかった。

田口は、真島照之の遺体を処理する際、焼却のための木材を運んでいた。事件後、真島の死について疑問を口にし、出版営業の「ワーク」への不満もあり、脱会したいと訴えるようになった。麻原は独房修行を命じ、両手両足を縛ったまま一日中、説教テープを聞かせた。しかし、田口の意志は固かった。様子を見に来た村井秀夫に「麻原は間違っている。教団を脱会して麻原を殺してやる」と訴えた。麻原や新実智光の一審判決、岡崎一明、早川紀代秀が麻原公判や自身の公判で証言した内容に基づき、この時のやり取りを再現してみる。

報告を受けた麻原は「大師」と呼ばれる幹部信者を集めて、その中の一人に質問を繰り返した。

「お前はグルが何でもしろと言ったらできるか」

「お前はグルがポアしろと言ったらできるか」

「お前はグルが人を殺せと言ったら殺すことができるか」

その幹部の答えはいずれも「はい、できます」だった。

その場にいた全員に向けた言葉だった。

この後、麻原は田口殺害に明確な指示を出した。

「まずいとは思わないか。田口は真島のことを知っているからな。このまま、私を殺すことになったとしたら大変なことになる。もう一度、おまえたちが見に行って、私を殺すという意志が変わらず、オウムから逃げようという考えが変わらないならばポアするしかないな」

「私は血を見るのが嫌だから、血を見ないでやるのがいいな。ロープで一気に絞めて、その後は骨が粉々になるまで燃やし尽くせ」


麻原の指示通り、岡崎や早川らは田口を殺害した。実際に田口の首の骨を折って殺害したのは新実だった。田口の遺体は10時間かけて焼却された。骨を軟らかくして早く砕けるように酢を買いに行き、火の中に投じ、遺灰は水に混ぜて教団敷地内にばらまかれた。

「ポア」という言葉がすでに、「意識を移し替える」というチベット仏教の本来の意味ではなく、「命を奪う」というストレートな意味で使われ、弟子たちもそれを了解していることに留意する必要がある。

本来のチベット仏教の「ポワ」（Ｐｈｏｗａ）は、人を殺すことを意味するものではまったくない。瞑想修行によって、より広い空間に意識を移し替えることを意味する。死を迎え入れる時、心の本性を知る修行者は恐怖のために意識を失うことなく、死を望んで受け入れることができる。広大な心の本質に留まる瞑想法を、「ポワ」と呼んでいる。

ところが麻原は独自の解釈で、その意味を「生命を奪っても魂を高い世界に導き転生させることができる」とすり替え、殺人を容認する教義を「ヴァジラヤーナ」と称した。麻原は遺体を処分させた後、岡崎ら実行犯に「ヴァジラヤーナの詞章」と称する以下のような言葉を伝授し、毎日唱えるよう指示した。

〈ここに真理がある。そしてその障碍するものを取り除かないとするならば、真理はすたれてしまう。しかし、その障碍するものを取り除くとしたならば、それは悪業、殺生となってしまう。私は救済の道を歩いている。そして多くの人の喜びのために多くの人の救済のために悪業を積むことによって地獄へと至るとするならば、それは本望だろうか。私が救済の道を歩くということは、他のために地獄に至ってもかまわないわけだから本望である〉

救済を妨害する悪業を犯させないために、麻原の慈悲によって「ポア」（殺害）をする。田口事件は「救済」という名のもとに行われる殺人の先駆けとなった。それを支えるものが「ヴァジラヤーナ」あるいは「タントラヴァジラヤーナ」と呼ばれる独自の教義だった。

「最終解脱者」である麻原は、人々のカルマを見切り、来世の転生先も見通すことができる。麻原の殺人の指示に従えば、その相手は一番良い転生を果たせる時期に死ぬことができ、殺した弟子も大きな功徳を積むことができる――。独善的な教義は、9カ月後の坂本弁護士一家殺害事件から、教団の外に向かう狂気を駆動させる原動力となった。

■坂本弁護士をポアしなければならない

教団が大きくなるにつれて、信者の家族との出家をめぐるトラブルが目立ってきた。そして「オウム真理教被害者の会」が結成された。雑誌『サンデー毎日』による教団批判キャンペーン「オウム真理教の狂気」も1989年10月から始まり、坂本堤弁護士はその有力な情報源と考えられていた。訴訟も準備していた坂本は教団にとって大きな障害になる、と麻原は考えた。

実行犯は早川紀代秀、村井秀夫、岡崎一明、新実智光、中川智正、端本悟の6人。麻原、早川、岡崎らの確定判決や早川、岡崎らの麻原公判での証言によれば、事件の経緯は以下の通りだ。

89年11月2日深夜から翌日未明にかけ、麻原は富士山総本部4階の瞑想室に早川、岡崎、村井、新実、中川を集めた。

「もう今の世の中は汚れきっている。もうヴァジラヤーナを取り入れていくしかないんだから、お前たちも覚悟しろよ」

麻原はそう語り、「今ポアしなければいけない人物は誰だと思う。坂本弁護士が一番問題なんだ。坂本弁護士をポアしなければならない」「被害者の会の実質的リーダーなんだ。そして彼はその将来において教団にとって非常な障害になる」と殺害を命じた。

教祖の指示を受けた実行犯6人は、その日のうちに行動に移した。犯行時、変装することも麻原の指示だった。

当初、坂本が通勤で利用する横浜市のJR洋光台駅付近で待ち伏せし、車に連れ込み、中川が塩化カリウムを注射して殺害、遺体を運び去る予定だったが、坂本は現れなかった。その日は「文化の日」で祝日だったことを中川以外は気付かなかった。社会常識とは遠く離れたところに彼らの行動原理があった。実行犯のメンバーは坂本弁護士の自宅に向かう。夜10時半ごろ、岡崎が坂本のアパートに様子を探りに行くと、ドアが施錠されていないことが分かった。

早川が電話で報告すると、麻原はこう答えたという。

「じゃ、入ればいいじゃないか。家族も一緒にやるしかないだろう」

6人は4日午前3時ごろ、アパートの2階にある坂本弁護士宅に侵入し襲いかかった。都子は「子どもだけはお願い」と龍彦の助命を嘆願したが、全員殺せという麻原の指示は絶対だった。村井は都子に指をかまれ出血していた。遺体は布団ごと運び出された。残された血痕は岡崎が拭き取った。中川は身に着けていた「プルシャ」と呼ばれる教団のバッジを落としたが気付かなかった。

遺体とともに富士山総本部に戻った実行犯たちを麻原は出迎えた。

「おう、ご苦労、ご苦労」

麻原はサティアンビル4階の瞑想室で詳しい報告を聞くと、遺体をドラム缶に入れ、遠くの山に運んで深い穴を掘って埋めるよう指示した。

管轄する県警を分散させる方が、遺体が見つかっても捜査が進展しにくい、という意見から坂本を新潟・名立町の大毛無山山中に、都子を富山・魚津市の僧ヶ岳山中に、龍彦を長野・大町市の山中に、それぞれ穴を掘って埋めた。

富士山総本部に戻ってきた実行犯たちを再び迎えた麻原は、妻子まで巻き込んだことをこう正当化した。

「悪業を積んだ者のお金で養われている家族も、悪業という面から見れば同罪なんだ」

麻原は実行犯の前で側近の女性幹部に六法全書の殺人罪の項を読ませ、こう語っている。

「3人殺せば死刑だな。指示した私も同じだな」

「ポア」という言葉が、人を殺すこととイコールの意味で使われるようになったのは田口事件からだが、坂本事件ではより直接的に使われている。

早川ら実行犯たちは、麻原がすべての人々のカルマを見切っていて、殺した人たちのカルマを背負い、彼らを高い世界へ転生させる能力があると信じていた。それこそが「救済」なのである。麻原の指導の下、神秘体験を重ねた彼らにとって、それこそがリアルな世界だったからだ。そして、人を殺すという取り返しのつかない犯罪を重ねたという共犯意識は、教祖と弟子の絆をいっそう強固にした。

■分水嶺　衆院選出馬

坂本弁護士一家が行方不明になり、教団に疑いの目が向けられた時、麻原は数多くの出家信者を集め、立位礼拝を中心とした極限集中修行に入るよう指示した。

杉本繁郎の回想録によると、麻原はこう説明したという。

〈教団をつぶそうとする闇の力が増大している。それを打ち破るためには多くの成就者を出して真理の光を増大させることだ〉〈教団は真理を実践している。真理を実践している者は大いなるカルマ落としを受けなくてはならない。今回の教団に対するバッシングはその大いなるカルマ落としである〉

この極限集中修行によって、1989年の12月までに一気に200人ほどの「クンダリニー・ヨーガの成就者※」と1ランク下のヨーガの成就者が誕生することになった。教団の機関誌『マハーヤーナ』はそれを大々的に宣伝した。

〈200人がエセ成就者であることは説明するまでもない。それでも、200人の成就者を出すことで、揺れていた在家信者のつなぎとめに成功した〉と杉本は回想録で振り返っている。

『サンデー毎日』の批判キャンペーンや、坂本弁護士失踪に絡むメディアの教団バッシングから目をそらすため、麻原はヨーガの修行達成度の認定基準を大きく下げ、成就者を大盤振る舞いすることで教団内の動揺を抑えたのだ。

麻原をはじめ教団幹部25人は、翌90年2月の衆院選に「真理党」を結成して出馬した。50代以上の人なら、旧東京4区（渋谷区・中野区・杉並区）の杉並区内の駅などで展開された奇抜な選挙パフォーマンスを覚えているかもしれない。象のかぶり物をかぶった女性信者が踊り、麻原がマイクを握って「しょうこー、しょうこー」と歌う。彼らは決してふざけているのではなかった。教祖の麻原は当選できると真剣に考えていたのだ。結果は1783票。5人区で13位という、泡沫を絵に描いたような落選だった。

〈麻原自身は自分が出馬すれば当選し、かつ国会議員としての権力も手に入れることができるなどと本気で信じ込んでいたのです〉（杉本、回想録）

25人全員が落選する惨敗を、麻原も、信者たちも直視しなかった。選挙管理委員会が票を操作した、という麻原の娘が言い出した話を真に受け、国家による陰謀というさらなる妄想を膨らませることになった。

衆院選の敗北後、教団の武装化路線は一気に加速する。

97年にハルマゲドンが来ると断言していた麻原は、3万人の成就者を出せば防ぐことができると弟子たちに訴え、それを頼りに修行に励んできた者も多かった。

しかし、89年になると麻原は『滅亡の日』などの著書で、「ヨハネの黙示録」やノストラダムスの予言を解釈しながら、武力による「救済」の必要性を公言。90年代に入ると武力による「救済」しかないとして、教団は取りつかれたように武装化路線を進めていく。

※クンダリニー・ヨーガの成就者
教団では、クンダリニー・ヨーガの成就者には、①臨死体験に近い「変化身の体験」②眠っていても意識が途切れることのない「思念不変」③身体が自然にぴょんぴょんと飛び跳ねる「ダルドリー・シッディー」④光に没入する「光の体験」という4つの神秘体験が起きるとされた。

■ボツリヌス菌のばらまき計画

広瀬健一は2004年2月、麻原の一審判決を前に東京新聞に寄せた手記で、1990年の衆院選での敗北後、教団が武装化にのめり込んでいった経緯を詳述している。広瀬は衆院選立候補者25人のうちの一人でもあった。

90年4月、麻原は自宅に古参幹部と理系の出家信者計20人を集め、極秘説法をした。メモも録音も禁じられ、「他言無用」と言われたこの説法の場に、出家して1年足らずの広瀬もいた。彼は抜群の記憶力によって、この説法の内容を法廷で語り、東京新聞への手記でも詳細に明らかにしている。広瀬はこの少し前から山梨・上九一色村の教団施設で、ステンレスのドラム缶でつくった培養装置を監視する作業を任されていた。猛毒のボツリヌス菌※の培養だった。

〈(麻原は)現代人は悪業を積んでおり三悪趣※(地獄界、餓鬼界、動物界)に転生するから、ポアして救済すると説きました。ポアとは対象の命を絶つことで悪事を消滅させ、高い世界に転生させるという意味で、これがヴァジラヤーナの教義に基づく救済です。

麻原が指示したのは猛毒のボツリヌストキシンを大量生産し、気球に乗せて世界中に散布することでした。こうしてオウムの武装化が始まったのです。（略）

その後、麻原は攻撃的、破壊的な内容を含む教典や予言書などを牽強付会して解釈することによって、ヴァジラヤーナの救済の正当性を確信していったのではないかと思います。

例えば、多数の商人を殺して財宝を奪おうとしている悪党を殺したとする釈迦牟尼の前世の物語を引用して、ポアの説法をしていました。また、オウムが武力によって世界を支配するというように予言書を解釈していました。

一般社会では無差別大量殺人とみなされる行為を指示された私たちでしたが、誰も疑問を口にすることなく麻原に従っていました。外部から見ても、殺人の準備をしている雰囲気は感じられなかったかもしれません。愚かにも、私にとって麻原の指示は救済としか思えなかったのです。

九〇年から九一年にかけて、私たちはボツリヌストキシン、毒ガスホスゲンの生産プラントの製作などを試みましたが、無理な計画と技術力のなさのために失敗。麻原は再び通常の布教に力を入れました〉（東京新聞、04年2月20日朝刊）

広瀬の手記は、武装化の再開、先鋭化する教団の姿を捉えている。

〈一九九三年二月に、麻原は（略）自動小銃、ミサイル、爆薬を教団で製造する目的で、私たちに、ロシアでの武器の調査を指示しました。

九四年三月から、オウム真理教「科学技術省」は自動小銃AK74の製造とサリン生産プラントの製作に主力を注ぎ、武装化を目指しました。

麻原は武装化を指示した場で「ヴァジラヤーナの救済が成功したら、テレビやラジオから真理の情報しか流さないようにして人々を教化する」と話していました。この武装化の間に教団は松本サリン事件を起こしています。

九五年一月にオウムがサリンを製造しているとの疑惑が報道され、サリン生産プラントの計画はとん挫。同年三月十七日には、強制捜査が入るとの理由で、私が担当していた自動小銃の部品を教団外に運び出すよう指示がありました。

その翌日、麻原は故村井秀夫を通して、地下鉄にサリンをまくことを私たちに指示したのです。まったく独善的な考えでしたが、当時の私には、麻原の指示が三悪趣に転生する現代人を救済する行為としか思えませんでした。

現代人の命を絶つことで彼らの悪業を消滅させ、高い世界に転生させるヴァジラヤーナの救済と思ったのです。

信徒が麻原に服従したのは、その指示がすべての魂の悪業を消滅させるためのものとされていたからです。オウムの宗教的世界観では、悪業の消滅以外の救いはありません。麻原がその力を持つことを、信徒は神秘体験などで実感していたのです。これが数々の重大事件を起こしたオウム信徒の世界観です。私にとってもこの世界観が現実だったため、麻原に従って許され

ない残酷な罪を犯すに至りました〉（東京新聞、04年2月21日朝刊）
自動小銃は95年元日に試作品が完成し、麻原に進呈されていた。弾丸も含めて大量生産し、武装した信者たちで国会を占拠することまで麻原は考えていた。

※ボツリヌス菌
ラテン語のbotulus（腸詰め、ソーセージ）から命名された。この菌が産生する毒素ボツリヌストキシンは地球上に存在する毒のうちでも最強とされる。肺から吸収され身体の中に入り込むと呼吸困難などの症状が表れ、致死率も高い。

※三悪趣
オウムでは人間界より下位の3つの世界を地獄界、餓鬼界、動物界としていた。悪業をなしたものは三悪趣に落ちて苦しむとされた。怒り、無知、貪りにとらわれていると来世では三悪趣のどれかに転生し、苦しまなくてはならず、オウム信者以外は来世は三悪趣に落ちると信じられていた。

■白死病

麻原の一審判決は、広瀬健一ら武装化にかかわった元幹部の証言に基づき、1990年4月の極秘説法に触れている。

〈今回の選挙結果は私のマハーヤーナにおけるテストケースであった。その結果、今の世の中は、マハーヤーナでは救済できないことが分かったので、これからヴァジラヤーナでいく。現代人は生きながらにして悪業を積むから、全世界にボツリヌス菌をまいてポアする〉〈中世ではフリーメーソンがペスト菌をまいた。今回まくものは白死病と呼ばれるだろう〉〈本来ならばこれは神々がすることであるが、それでヨーロッパの人口は3分の1か4分の1になった。神々がやると残すべき人を残すことができないので我々でやる。オウムの子供たちを残していく〉

衆院選での落選は国家の陰謀であり、もはや世の中の法に則って政治体制を変えるマハーヤーナの方法では悪業を積んでいる現代人の救済はできない。殺人すら肯定し、手段を選ばない「ヴァジラヤーナの救済」の路線で進んで行く、という強い意志を明確にしている。

この極秘説法では、ボツリヌス菌を散布して大勢の人が死ぬと、かつてペストが「黒死病」と呼ばれたのと同じように、「白死病」と呼ばれることまで具体的に語っていた。オウムの子どもたちを残すという発想からは、「自分たちは特別な人間なのだ」との傲慢な選民思想の萌芽が読み取れる。

教団は衆院選の敗北から約2カ月後の90年4月、沖縄・石垣島に出家・在家信者計1300人を集めてセミナーを開催した。この間に麻原が計画したのは、旧日本軍の風船爆弾にヒントを得て、猛毒のボツリヌストキシンを気球に載せて全世界にばらまくことだった。

「4月になるとオースティン彗星が飛来して大きな危機が起きる」と煽り、石垣島に集められた信者たち。25名の選挙供託金、5000万円が没収されて教団が財政的な危機に陥っていたこともあり、在家信者の参加者に巨額の資金を供出させた。しかし、信者を一カ所に集めた真の目的は、その期間に危険地帯から隔離することだった。ボツリヌス菌を積んだ風船爆弾を飛ばしても、石垣島は偏西風の経路から外れていたので、信者が危害にあうことはないと考えられたのだ。結局、ボツリヌス菌の製造は間に合わず、散布に至らぬまま、セミナーは数日で解散になった。危機感を煽った結果、教団は一挙に約５００人を出家させることに成功した。

■全人類の抹殺

ボツリヌス菌の製造は、その後も上九一色村の教団施設で続けられた。培養された菌の噴霧を担当した一人が杉本繁郎だった。杉本は新実智光と組んで、ボツリヌス菌の粉末を噴霧するトラックの運転手役に指名された。「ヴァジラヤーナの救済」を命じられた弟子がどんな葛藤を抱えながら「救済活動」にかかわったのか、杉本の手記「救済という名の犯罪」を通じて再現してみよう。

「極秘説法」の場に杉本もいたが、水の運搬などを命じられていたために、どこか他人事のように思っていた。４月下旬、麻原に呼ばれた。

「もし吸い込んだらクンバカ（息を止めるヨーガの行法のこと）すれば大丈夫だよ」

教団が生成しようとしている何か得体の知れないものを噴霧することを知った。

「えぇーっ。俺が？」という思いが心の中で何度も鳴り響き、頭を殴られたような衝撃を受けたという。噴霧するのが、ほんの少し肺に吸い込むだけでも呼吸困難に陥り、死に至るボツリヌス菌であると説明を受けた。実行までの数日間、恐怖や不安を「これは尊師の意思の実践だから」「尊師の説く救済の実践なんだ」と封じ込めたという。

杉本の記憶では、1990年のゴールデンウィーク中か、それより前、新実と杉本、村井秀夫と幹部信者がペアを組んで2台の車で上九一色村から東京に向かった。粉末状のボツリヌス菌を2トントラックから噴霧するのである。天井をくりぬいて作られた直径5センチほどの丸い穴から煙が噴霧される構造になっていた。

標的にしたのは、皇居周辺、米国大使館、創価学会本部、立正佼成会本部、防衛庁（当時）や霞が関の官庁街に加え、渋谷、新宿の繁華街などだった。

噴霧が始まったことを自覚した瞬間、杉本の心臓の鼓動が鳴り響いた。

「本当に人が死んだらどうなるんだろう？」「尊師からの命令……」「救済の実践だから、私には理解できない何か深遠な意味があるのだろう」「俺、死ぬかも」「人が死ぬかも」

一瞬、さまざまな思いが交錯したが、犯罪行為ではないかという考えは抑え込んだ。麻原からの命令が理解できないのは自分の心が汚れているからだ、命令を受けた私が命令を理解できないことに問題があるのだ、と考えた。

結局、噴霧しても人がばたばたと倒れることはなく、ラジオをつけても何のニュースも報じられていなかった。噴霧器に原因があったのか、菌ができていなかったのかは分からないが、噴霧は失敗に終わった。

5月中旬、噴霧器を改良した2度目の噴霧も失敗に終わった。強烈な異臭が発生し、彼らのトラックをわざわざ追い掛け、鼻をつまんで異臭を知らせる善意のドライバーが多数いたという。この後、何回も噴霧器を改良し、トラックも替えて噴霧したが、ノズルの目詰まりや装置の故障などで成功しなかった。

失敗を繰り返した末の90年7月ごろ、ボツリヌス菌の培養液を川に流し込んで廃棄することになった。深夜、ドラム缶に入った培養液を荒川の河川敷でポンプを使って1本ずつ川に流し込む作業を始めた。すると、偶然、通りかかった警察官に職務質問を受け、現場を押さえられた。警察官は免許証を確認し、村井と新実の写真を撮影、ドラム缶の液体をサンプルとして少量持ち帰った。この経緯を新実が電話で報告したところ、麻原は「馬鹿かお前ら!」と激怒したという。この日を境にボツリヌス菌の培養、噴霧計画は中止された。

後日あらためて事情聴取するという話になったが、結局、警察からの呼び出しはなかった。抽出した成分を調べてもタンパク質の腐ったものに過ぎないから、事情聴取という面倒なことは避けたのだろう、と杉本は推測する。

衆院選敗北と武装化が加速した関係を、杉本はずばりと次のように書いている。

〈衆院選の敗北で投票箱がすり替えられたなどとでっち上げて自らの威厳を保っていたものの、麻原のプライドは木っ端微塵に打ち砕かれていたのだと思う。内なる怒りの発現がボツリヌス菌による全人類の抹殺だった〉（杉本、回想録）

おそらく杉本の推測は間違っていないと思う。そう考えれば、衆院選後の教団の異常なまでの武装化路線は説明がつく。弟子たちは麻原の卑小なプライドのために犯罪に手を貸すことになったのだ。

■武装化拠点になった熊本・波野村

石垣島セミナーの翌月、1990年5月までに、教団は熊本・波野村（現・阿蘇市）に15ヘクタールもの広大な土地を取得した。「日本シャンバラ化計画」※の一環だった。地元の住民は強く反発し、村は教団と全面対決の構えを見せた。人口が2000人しかいない村に、多数の信者が住み着けば、村議会議員を何人も当選させて、事実上、村を乗っ取られるのではないか。村民はそれを恐れたのだ。

村は信者の住民票を受理しなかった。熊本県は国土利用計画法や森林法違反容疑で教団を告発し、水道などの提供も拒否した。教団は土地の取得を焦って進めたため、当然提出すべき届け出を怠り、熊本県警の強制捜査（国土利用計画法違反）を招くことになった。

波野村に進出した真の狙いは、〈ヴァジラヤーナ活動の施設を造る〉ことだった、と上祐史浩は自著で明らかにしている。このころ、教団では、化学兵器であるホスゲンや塩素ガスなどの毒ガス製造が始まった。

上祐はこれに深く関与したことを認めている。彼の著書によれば、彼は毒ガス兵器製造に関する実験全体の進行管理を担当した。

この計画が始まってしばらくすると、熊本県警が国土利用計画法違反容疑で全国の教団施設を一斉に捜索するという情報が、オウム信者の妻を持つ県警関係者からもたらされた。後に入信・出家する現職の熊本県警中堅幹部だった。

麻原は毒ガス実験の即時中止を命じた。製造装置の解体を進め、捜索が入っても疑われないように証拠隠滅を図った。90年10月に情報通りに強制捜査が入ったが、麻原のもくろみはあたり、捜査員は解体された実験設備には何の関心も示さなかった。坂本弁護士一家のことは念頭にあっても、宗教団体が毒ガス兵器をつくっているなどとは想像もできなかったはずだ。

国土利用計画法違反事件では、総務部長だった早川紀代秀、後に教団「大蔵省大臣」となる女性幹部、顧問弁護士らが逮捕された。全国的に報じられ、教団の布教にも影響が出たという。「ヴァジラヤーナの救済」は休止されることになり、教団はいったん合法的な活動に戻る。

世を欺く仮の姿が『朝まで生テレビ！』への麻原の出演や著名人との対談、大学の学園祭での講演などだった。穏健な路線は表面上、92年末ごろまで続いた。

杉本繁郎は〈強制捜査は衝撃的だったが、宗教弾圧であるという麻原の説明を信じた。教団を去っていった者もいるが、残った者は麻原への帰依と結束を強めた〉（回想録）と、強制捜査も『サンデー毎日』による批判キャンペーンと同様、教団の「焼け太り」につながったという。

結局、教団は波野村進出から4年後の94年8月、村から撤退した。波野村は、住民票不受理訴訟での和解金9億2000万円を教団に支払った。この出来事は教団の増長に輪を掛けただけではなく、和解金が武装化を進める上での資金の一部となった。

「またヴァジラヤーナを始めるぞ」——穏健路線の裏で、麻原は周辺に非合法路線への回帰を伝えた。92年4月ごろ、核兵器の開発も企て、国内数カ所でウラン鉱石の調査を始め、さらに9月にはオーストラリアでもウランの採掘調査をした。

93年になると、大量破壊兵器の製造・実験が再開された。教団が力を入れたのが強力な毒素を持つ炭疽《たんそ》菌※の製造と噴霧の実験だった。

培養場所には、東京・亀戸にあった教団施設が選ばれた。上祐が統括となり、京都大学大学院でウイルスについて学んだ遠藤誠一が炭疽菌の培養・製造を担当、村井が高圧ポンプで炭疽菌を空中に噴霧する機器の製造と噴霧の実行を担当した。培養の担当になった出家信者は予防のために抗生物質を常に服用し、防護マスクや防護服を身に着けて作業したという。

噴霧の実験は2回実施されたが何の被害も生じず、異臭だけが施設周辺に漂い、多くの住民が苦情・抗議に詰め掛けた。この騒ぎの後、炭疽菌の培養は上九一色村の教団施設に移された。新しい噴霧装置は車に搭載できるように小型化された。

教団は皇太子の成婚パレードを狙って炭疽菌を噴霧する構想を温めていたが、実現しなかった。遠藤は、入手可能な家畜用の無毒なワクチン株を遺伝子工学的な手法で有毒株に変えようと試みた。ボツリヌス菌に続き、炭疽菌の培養にも失敗したのは、遠藤に細菌学の知識が足りなかったからという単純な理由だった。

※日本シャンバラ化計画
日本全国の主要都市に総本部道場や支部を開設、将来的に自給自足の「ロータス・ビレッジ」を建設する構想。87年に発表された。信者から布施を募り、資金を集めた。

※炭疽菌
吸い込んで感染すると敗血症を引き起こし、治療をしない場合の致死率は40〜80%と高い。病変部が黒く見えるため、炭疽の名前が付いた。2001年の米中枢同時テロ後、フロリダ州の報道機関やワシントンDCの上院議員事務所などに炭疽菌入りの郵便物が送付され、郵便局員ら5人が死亡、感染の恐怖が広がるなどして全米がパニックに。米司法省は08年、自殺した陸軍感染症医学研究所の研究者の単独犯行と結論付けた。

■前世は明の朱元璋《しゆげんしよう》

1994年2月の中国ツアーが武装化をいっそう加速させるターニングポイントになった、との見方を示したのは、化学兵器の開発責任者だった土谷正実だ。この時、麻原は多くの弟子を連れて中国ツアーを行い、明代の中国を宗教的、政治的に統一した朱元璋の足跡をたどった。

麻原の一審判決によると、村井秀夫、新実智光、井上嘉浩、早川紀代秀、遠藤誠一、中川智正ら教団最高幹部や出家信者ら合計約80名を引き連れて朱元璋ゆかりの地を巡る旅の途中で、麻原は同行した弟子たちに対しこう語ったという。

〈1997年、私は日本の王になる。2003年までに世界の大部分はオウム真理教の勢力になる。真理に仇なす者はできるだけ早く殺さなければならない〉

武力によって国家権力を打倒し、日本にオウム国家を建設して、その王として君臨する意図をあからさまに語ったのだ。

帰国後すぐの2月27日には、麻原は大勢の弟子をホテルに集め、兵器製造のことなどを話し、〈このままでは真理の根が途絶えてしまう。サリンを東京にぶちまくしかない〉と語った。

〈この都内のホテルでの会合後から、オウム真理教にとっての最重要課題が兵器製造に移って行ったように回想されます〉と土谷は最高裁に提出した上申書の中で振り返っている。

第5章では、オウム事件の核心である「救済」と「ヴァジラヤーナ」について考察を深めていきたい。

第5章

救済殺人

■天啓

ここで時計の針を巻き戻して、麻原の中で芽生えた宗教的テロリズムの起源をたどってみたい。麻原は「オウム神仙の会」の以前から、すでに妄想ともいえる大きな野望を抱いていた。

麻原が初めて本格的にメディアに登場したのは1985年10月号のオカルト雑誌『トワイライトゾーン』（ワールドフォトプレス）だった。有名になった「空中浮揚」の写真がカラーページで掲載され、雑誌の中ほどの「編集部の不思議体験レポート」と題する特集で取り上げられている。麻原は「神をめざす超能力者」として紹介されている。

8年前にすべてを捨てて修行に入ったという麻原は、インタビューに答える形で、85年5月に神奈川・三浦海岸で五体投地の修行をしていた時に「神からの啓示を受けた」と明らかにしている。その天啓とは「あなたに、アビラケツノミコトを任じます」という内容だった。

8年前の77年とは、麻原が熊本から上京し、予備校に通い始めた年である。翌年、結婚して船橋市で鍼灸院を開業している。

アビラケツノミコトとは「神軍を率いる光の命《みこと》」で、戦いの中心となる者のことだ。麻原に降りた「天啓」によると、西暦2100年から2200年ごろにシャンバラ王国が登場し、それまでアビラケツノミコトとして戦わなければならないというのだ。

シャンバラとはインド後期密教でうたわれる理想国で、聖人たちが住み、全宇宙の、そして過去から未来に至る英知を有する幻の国とされる。そのような国ができる前に人類は核戦争を体験しなければならないと麻原は断言する。

〈「2006年には、核戦争の第1段階は終わっているでしょう。核戦争なんて、ほんの数秒で終わってしまいます。日本も死の灰の影響を受けているはずです。

核戦争は、浄化の手段ですね。だから、私は『ノアの箱舟』も信じられます。選りすぐったレベルの高い遺伝子だけを伝えるんです。

だけど、人が『自分の分け前をさいて人に与えよう』というように考えない限り、『浄化』はなくならないんですね。そういう気持ちになかなかなれないのが人間でしょう。

もし、それが真実でないとしたら、地獄・餓鬼・畜生・人間・阿修羅・天という六道はなくなってしまうでしょう。

私の目指すのは『最終的な国』なんです。それは、仏教的・民主主義的な国で、完璧な超能力者たちの国なんです」〉（『トワイライトゾーン』、85年10月号）

核戦争を「浄化の手段」と表現し、否定的な捉え方をしていないことが目を引く。レベルの高い遺伝子だけを伝えるという発想は、「選民思想」の原型とも思える。

編集部の文章では〈あと1年もすれば、空を自在に飛ぶ人である〉と紹介されており、風変わりな修行者を面白がって取り上げているだけのようにも見える。しかし、この雑誌を見て多くの若者が麻原に興味を持ち、連絡を取っている。

最も早く麻原の弟子になった一人である杉本繁郎は、前述したように詳細な手記や回想録を残している。アビラケツノミコトの啓示を受けてから1年後の86年5月上旬、麻原は富士五湖の一つである精進湖のキャンプ場で、杉本ら数人を前に「今から私の本音を語る」と自らの考えを語り始めたという。「オウム神仙の会」が出家制度を始める前だった。麻原らの死刑執行の後、私はあらためて杉本に手紙を書いて、この時のことをもう少し詳しく説明してもらえないかと頼んだ。折り返し杉本から返信が届いた。

当時、麻原は精進湖のほとりのキャンプ場にあるバンガローを借りて、3週間ほど個人的な修行をしていた。杉本ら数人の弟子が同行していた。最終日の夜、7時か8時ごろだった。修行の打ち上げと祝い事もあり、珍しくワインで乾杯ということになった。アルコールが入った影響で少し饒舌《じょうぜつ》になったのか、麻原は以下のようなことを話し始めたという。

「今の国家を転覆させる」

「明治維新は当初少ない人たちから始まったが、目的は達成された。少ない人数でも超能力を持った者たちが集まれば、それは可能だと考えている」

「将来フリーメーソンと戦うことになる」

麻原の野望を直接聞いた者は杉本も含め4、5名ほどだった。約半年前の『トワイライトゾーン』のインタビューから、さらに一歩踏み込んだ発言である。

「今の国家を転覆させる」という言葉がどこまで本気だったのか。少ない人数でも超能力を使えば可能だ、という発言は、「オウム真理教」に改称してからの「成就者を3万人出せばハルマゲドンから世界を救える」という言葉と結び付いていると思われ、教祖の本音だったのではないかと杉本は考えている。

■ポアという論理

「今の国家を転覆させる」という麻原の「本音」を杉本繁郎が聞いてから7カ月後、1986年の年末から87年の年始にかけて、「オウム神仙の会」は神奈川・丹沢の山荘でセミナーを開いた。

「完璧な功徳」とは何か、という参加者の質問に対し、麻原は密教修行者の「ティローパ」と「ミラレパ」の例を引きながら語っている。この説法の一部は麻原公判の検察の冒頭陳述に、殺人も許容される「ヴァジラヤーナの教義」として引用されているが、文献としては表に出ていなかった。

どの段階で麻原が「ヴァジラヤーナ」や「ポア」の考え方を教義に導入したのか、研究者の間では論点になっていたが、南山大学の渡辺学教授が大量の説法の録音テープを入手し、全体が確認された。テープには、以下のような丹沢セミナーでの言葉が録音されている。

「チベットの密教というのはねえ、非常に荒っぽい宗教でね、例えばミラレパは、教えを請うた先生の一人にね、『おまえはあの盗賊を殺してこい』と、やっぱり殺しているからね。ミラレパはみんな、よく知っていると思うけど。そして、ミラレパはその功徳によって、修行を進めている。（略）

そして、クンダリニー・ヨーガにおいては、グルグルグル、グルグルグル、ああ、グルグル

グルグル、グルのためにはいつ死んでもかまいません。グルグル、頭の中にはいつもグルのことばっかし。グルのためだったら死ねる。グルのためだったら殺しだってやるよ。こういうタイプの人ね。この人はクンダリニー・ヨーガに向いている人なんだね。わかるかな。そして、そのグルがやれと言ったことすべてをやることができる状態——例えばそれは殺人も含めてだ——これも功徳に変わるんだよ。

私も過去生において、グルの命令によって人を殺してるからね。自分は死ねるが、カルマになる、人を殺すというものはできないものだ。しかし、そのカルマですらグルに捧げた時に、クンダリニー・ヨーガは成就するんだよ。

『いや、じゃあおかしいじゃないか。そこで殺したんだからそれはカルマになるじゃないか』と考えるかもしれないけど、そうではないんだよ。例えばグルがそれを殺せというときは、例えば相手はもう死ぬ時期に来てる。そして、弟子に殺させることによって、その相手をポアさせるというね、一番いい時期に殺させるわけだね」

グルの指示に従い、人を殺して相手を高い世界に転生させることで功徳を積むことができるという説明の中で、麻原は人を殺すという意味で「ポア」という言葉を初めて用いている。

また、かつては解脱や超能力を開発するという文脈の中で「クンダリニーの覚醒」が重視されてきたが、この段階ですでに次元の違う説法になっていることに驚く。グルの命令なら殺人すら功徳になる、という極端なグル崇拝を求める考えが、示されていたのだ。

ただ、この時点で、弟子たちが説法を字義通り受け止めたと考えるのは早計だろう。殺人を「ポア」とする点について、当時は、功徳を積む方法の一つの比喩として受け止めていた弟子が多いはずだ。それでも、初期の「オウム神仙の会」のころから、麻原が「殺人教義」を温めていたという事実は注目に値する。杉本は次のように振り返っている。

〈麻原の非合法活動を含めたすべての原点は、86年ごろまでの出来事に見いだすことができる。あらゆる意味で86年が麻原のすべての原点だった〉（杉本、回想録）

■ステップ・バイ・ステップで弟子たちを誘導

オウム真理教と改称した後の１９８８年10月28日には、麻原は富士山総本部で出家信者に対し、アビラケツノミコトについて、次のような説法をしている。

〈わたしは今から三年前に、これは『トワイライトゾーン』を使って、わたしはアビラケツノミコトであると、そして光の軍勢を率いて救済するんだと、そういう比喩を使っている。（略）当初、初めは、わたしはね、凡夫を救済するのがわたしの役割だろうと考えていた。しかし、近ごろわたしは心が少しずつ変わってきている。どのように変わってきてるかというと、ひょっとしたら、動物化した、あるいは餓鬼化した、あるいは地獄化したこの人間社会というものの救済は不可能なのかもしれないなと。そして、じゃあどうしたらいいかというと、新しい種、つまり、今の人間よりも霊性のずっと高い種、これを残すことがわたしの役割なのかもしれないなと。これはまだ漠然としたものである。はっきりしたものではない。だから、ずれるかもしれない〉（麻原、『尊師ファイナルスピーチⅡ・説法集〔上〕』）

この説法が意味するところは、麻原には修行の進んだオウム信者のみを残し、それ以外の現代人＝凡夫を消滅させる「大量ポア」の萌芽があるということだ。

また、麻原はほぼ同時期に、こんな説法もしていた。

〈このヴァジラヤーナのプロセスというのは、善も悪もないと。ただ心を清め、そして真理を直視し、目の前にある修行に没頭し、あとは神聖なるグルのエネルギーの移入によって成就すると。（略）

金剛乗の教えというものは、もともとグルというものを絶対的な、立場において、そのグルに帰依すると。そして、自己を空っぽにする努力をすると。その空っぽになった器に、グルの経験、あるいはグルのエネルギー、これをなみなみと満ちあふれさせると。つまりグルのクローン化をすると。あるいは守護者のクローン化をすると。これがヴァジラヤーナだ〉（88年10月2日、富士山総本部での説法、前掲書）

いずれも、富士山総本部道場で修行中の在家信者が死亡した真島事件（9月22日）の直後の説法であることに注目したい。

第4章で紹介した真島事件に関する新実智光の法廷供述を、もう一度思い出してほしい。

〈「ヴァジラヤーナの実践をさせようという意味で、皆を巻き込みたかったのではないかと。誘導したかったのだと考えています。弟子がついてくるかどうかの迷いが、尊師にはあったと思う」〉。真島事件を通じて、目的のためなら手段を問わない「ヴァジラヤーナの教義」を実践しても、弟子がついてくることを麻原は確信したのではないか。

新実は自身の公判で以下のようにも述べている。

〈「真島さん事件で非合法とは言わないが違法行為を行い、田口さん事件は教団内で初めて殺生、坂本さん事件で教団外での殺生をした。ステップ・バイ・ステップで私たちを誘導していったと今は考えています」〉（藤田、前掲書）

自らの野望を実現するために、弟子たちを段階的に殺害行為に引きずり込んだ、という視点である。麻原への帰依を捨てなかった新実の見方であるが故に説得力を感じる。

■ヴァジラヤーナの救済

地下鉄サリン事件の実行犯だった広瀬健一が繰り返し語ってきたように、一連の事件には、悪業を積んでいる現代人の「救済」という宗教的な動機があった。

弟子のある者は命じられた行為が違法であっても、「救済」という言葉の前に反射的に考えることをやめた。また、ある者は、葛藤を抱きながらも尊師の救済活動のためだ、と自分を納得させた。

しかし、教団独自の宗教観である「救済」という考え方について刑事裁判の場で審理が尽くされたのか、というと疑問は残る。

私が広瀬と東京拘置所で面会を始めたのは２００３年の秋だったが、一度、彼の言葉に「えっ」と耳を疑ったことがある。広瀬が丸ノ内線でサリンを発散させた際の心境を語った時のことだ。

「本当のことを言うと、躊躇も葛藤もなく、乗客の人たちが麻原によってポアされ、救済されることがうれしかったんです」

信頼関係ができつつあったからか、東京拘置所の面会室で、アクリル板越しに広瀬は穏やかな笑みを浮かべながら振り返った。

一審で広瀬は、近くに女子中学生がいたのでサリンを発散させるのを躊躇したと証言した。しかし、その真意は、女子中学生に見つかりそうになったので車両を替えたということだった。もしそれでサリン発散に失敗し逮捕されるようなことがあったら、教団が潰され、「救済」ができなくなる。自らも悪業を積み地獄に転生してしまう。それを恐れたというのだ。

広瀬は控訴審でも同様の証言をした。同じためらいの末の行動でも、サリン発散の実行が妨げられるから躊躇したというのと、良心の呵責から躊躇したというのとでは雲泥の差がある。

悪業を積んでいる現代人の多くは死後、三悪趣、とりわけ地獄の世界に落ちる。彼らの命を絶ち、麻原がそのカルマを背負い、高い世界に転生するようポアする以外に「救済」できる道はない――。広瀬をはじめ、多くの幹部信者にとってオウムの世界観こそ現実だった。「救済」という宗教的動機は、弟子たちの心の中に使命感となって深く根を張っていた。弟子たちは麻原が人類のカルマを背負う全能の「神」であると信じていた。だからこそ、広瀬は喜んでサリン袋を傘で突き刺したのである。

教団と無関係な者にとっては、「ほっといてくれ」という話である。しかし、麻原の下で神秘体験を重ねてきた弟子たちにとって、それこそがリアルな世界だったのだ。

衆院選での敗北を機に、オウム信者以外の全員の殺害、という「大量ポア」とでもいうべき妄想が麻原の中に顕在化してきた。ボツリヌス菌の培養・噴霧計画や、炭疽菌、サリン、VXなど、麻原が大量破壊兵器の開発に力を入れた理由はそこにある。

70トンのサリンを製造し、ロシアから輸入したヘリコプターで日本中に散布する計画も麻原の指示で進んでいた。

教団内を支配していたのは、オウムだけが正義であり、それ以外の社会はすべて悪であり、邪であり、敵である、という極端な「善悪二元論」だった。

「救済」という宗教的使命感と重なり合うようにして、無差別殺人に根拠を与えたのが「ヴァジラヤーナ」という教義である。インド後期密教やチベット仏教の教典から、麻原が我田引水的に引っ張ってきた考え方だ。

衆生を「救済」するための最速最短の教えとされ、自分の心を空っぽにし、グルの心を完全にコピーして同一化することが求められた。伝統仏教にも「瀉瓶《しゃびょう》」という概念がある。瓶の水を他の瓶に一滴も漏らさず瀉《うつ》すように、師が弟子に仏法の奥義を残すことなく伝授することを意味する。あくまでそれは、師の知識や奥義の受け渡しであり、人格のコピーではない。

「ヴァジラヤーナ」に基づく「救済」の思想は、ハルマゲドンの予言、教団内で毒ガス攻撃を受けている（後述）という被害妄想と結び付き、教団が暴走する最大の要因となった。

麻原が説いたこの教義の何が問題だったのか。

林久義は、チベット仏教金剛乗の在俗ラマ僧の立場から、オウム流の「ヴァジラヤーナ」を厳しく批判している。

「オウム流のヴァジラヤーナは、伝統的なチベット仏教のヴァジュラヤーナの考え方とはまったく違っています。修行者にとって、グルや師とは、修行者の心の中にある本性を示してくれる存在です。仏性という内なるブッダの自覚、自分の中の仏性に気付くアプローチこそが、金剛乗、ヴァジュラヤーナの本質なのです」

オウムは人間の外側に本質を探し、求めてしまった。金剛乗が目指す根本の目的は自らの本性を知ることにある、と林は言う。

「麻原が説くヴァジラヤーナには、誰の心の中にもある光り輝く心の本性を捉えようとするアプローチが欠落していました。仏教が目指す『空』の本質を知らず、自らが作り出した心の表層に自らが巻き込まれてしまったのです」

■「マハームドラー」一人歩きした魔法の言葉

「ヴァジラヤーナの救済」「ポア」の論理とともに、弟子たちを犯罪に巻き込んだ重要なキーワードが「マハームドラー」という教義だ。

本来はインド後期密教の思想体系で、チベット仏教ではカギュ派が伝承している。しかしオウム真理教では、クンダリニー・ヨーガの上位の段階に位置付けられ、マハームドラーの修行を成就した、と麻原から認定されると正悟師に昇格した。

こうした修行のあり方だけに留まらず、麻原が弟子にあえて試練を与えて、グルへの帰依を試す修行も「マハームドラー」と呼ばれていた。本能的に嫌なこと、やりたくないことでも、弟子たちは教祖から与えられた試練であると解釈し、心を動かさずにやり遂げようとした。それが人の命を奪うことであっても……。

オウム真理教の信者は、ゴキブリも殺さないほど、生き物の命を奪うことに抵抗感を持っていた。不殺生戒を破ることは、弟子にとって最もハードルが高かったからだ。そこに、やりたくないことをやろうとするほど修行が進むというパラドックスが生まれた。

そんな教団の磁場の中で、マハームドラーは弟子たちによって拡大解釈が進み、〈弟子がどれだけグルの忠実なクローンとなっているかを試す試金石となる無理難題な試練のことを意味することになった〉（渡辺、前掲書）

多くの弟子が、「マハームドラー」の修行と捉えて犯罪に手を染めたと語っている。井上嘉浩は1996年3月の初公判で「私のなしたことは、すべて松本智津夫氏が絶対的に指示するマハームドラーの修行の実践でした」「さまざまな犯罪行為をマハームドラーの修行として実践することになり、被害者、遺族らに例えようもない苦しみを与えたのです」と述べた。

地下鉄サリン事件に使用されたサリンを生成した遠藤誠一は、裁判官や検察官から「サリンを殺人以外の何に使うと考えたのか」と問われると、「つくること自体が目的。何に使うか考えていなかった。麻原さんの言う通りにするマハームドラーだった」「私はすべてのワークはマハームドラーだと思っている」と語り、裁判官が「責任逃れの魔法の言葉ではないか」と批判する場面もあった。

坂本弁護士一家殺害事件の実行犯である端本悟は、麻原公判に証人出廷した際、一家の殺害について「グルが弟子の修行を進めるために仕掛けているマハームドラーの修行だと考えている」と証言した。被告人席でうつむいたまま動かない麻原に目をやった端本は、「この場で居眠りするのはおかしいと思う。でも、このように、汚れを見せつけているのは『餓鬼のカルマを受けてくださっているのだ』とまで考えたりしたのです」と説明した。

地下鉄サリン事件の実行犯である林郁夫は、村井秀夫からサリンをまく指示を受けた時に「これはマハームドラーの修行なんだからね」と言われ、「サリンをまくことはヴァジラヤーナのポアの実践なのだ」と考えた。そして、「この指示からは逃げられない、やらなくてはならない」と判断したと証言している。

善悪の基準を教祖に委ねていた弟子たちにとって、「マハームドラー」は犯罪行為という高いハードルを乗り越えさせる理屈になった。

あらためて「マハームドラー」のことを確認したいと思い、13人の死刑が執行された後に杉本繁郎に手紙を書くとすぐに返事が届いた。教団内で「マハームドラー」という言葉が広がったことには、一つのきっかけがあったという。

1988年か89年ごろ、麻原の娘が出家信者の子どもたちにいじわるしたり、暴力をふるったりして問題になった。この時、麻原は「娘が、子どもたちのカルマを見切った上でカルマ落としを仕掛けている。これぞマハームドラーの実践だ」などと説明したという。

娘のわがままな振る舞いを教祖が「カルマ落とし」「マハームドラー」などの宗教用語でかばった結果、上司からのでたらめな指示・命令を受けた時、これはマハームドラーの修行だ、カルマ落としだ、と言い聞かせるように使われることが多くなったという。

〈元教祖が、今やっているのがマハームドラーの修行だ、などと言って弟子を指導したことはありません。弟子が元教祖に苦しい胸の内を告白した時、実はマハームドラーが掛かっていたんだよ、などと説明していたのです。しかし、これはグルの威厳を高めるための後付けにすぎません。自分の今の苦しい状況を肯定するために、弟子たちが勝手にマハームドラーという言葉を使って自分を納得させていたということです〉（杉本、筆者への手紙）

「マハームドラー」は一人歩きして増殖し、弟子たちを呪縛した。教祖にとって、弟子たちが勝手に先回りして考えてくれるのだから、これほど都合のいい理屈はなかった。教団が起こした事件は計画性のない、その場しのぎの思いつきが多かったが、「マハームドラー」という考え方が、自分の頭で思考することを妨げた。

麻原は、チベット仏教などの宗教用語をさも意味がありそうにねじ曲げて悪用した。ちりばめられた宗教用語はオウム真理教に宗教的な装いを施したが、突き詰めれば空疎な言葉の羅列にすぎない。

■毒ガス攻撃

武装化路線が先鋭化してゆく背景には、声高に語られてきた陰謀論の存在がある。弟子たちが「米軍から攻撃を受けている」というような陰謀論を信じてしまった理由として、教団内で受けていたと主張される「毒ガス攻撃」に触れないわけにはいかない。

麻原が「毒ガス攻撃を受けている」と主張するようになったのは、1993年10月ごろからだ。麻原の一審判決は「危機意識を高め、国家権力に対する敵愾心《てきがいしん》を煽るために話をすり替えたと見るのが自然。教団が毒ガス攻撃を受けているというのは被告人の創作したうその話であることは明らかである」と一蹴した。

しかし、上九一色村の教団施設では、原因不明の体調不良や健康被害を訴えるケースが相次いでいたことも事実だ。私が取材した元出家信者は、95年1月下旬の夕方、子ども班がある第10サティアンで子どもたちが倒れたという知らせを聞き、2階から慌てて階段を下りた。子どもを抱きかかえ外に連れだそうとしたところで自身も意識を失った。

気付いた時には「治療省大臣」だった林郁夫から心臓マッサージを受けていた。蘇生したことを喜んだ林は、「第10サティアンでスパイがサリンをまいたようだ」と語っていたという。

正悟師クラスでも、教団に対する毒ガス攻撃を信じていた者は多い。林もその一人だ。実際に感染症の流行が2月半ばになっても減らず、肺炎を起こす子どももいた。3月に入ってからは重篤な症状を見せる子どもも出てきた。

95年元日、読売新聞が「上九一色村で、猛毒ガス『サリン』を生成した際の残留物質が警察当局によって検出された」と報道したのを受け、教団はサリン生成物を処分した。その際に一部は第10サティアンの近くにある井戸に捨てられ、井戸は〈あと二カ月は使えない〉ということを林は村井秀夫から聞いたという（林郁夫、『オウムと私』、文藝春秋、98年）。

サマナ（出家信者）や子どもたちのさまざまな感染症はサリン生成物を井戸に捨てたことが原因であると今では推測できるが、その当時、林は抵抗力の弱い子どもたちを狙った生物兵器の「Q熱」が原因だ、という遠藤誠一の説明を信じ込んでいたという。

サリンを生成した張本人である土谷正実も、毒ガス攻撃を受けていたことを信じてしまった一人だ。教団はロシアから毒ガス検知器を取り寄せ、麻原は「ロシア製の検知器によって教団施設に毒ガスがまかれていたことが分かった」と公言していた。

94年3月、土谷は自身の実験棟のある場所付近で強烈なマスタード臭にさらされ、「イペリットがまかれている」と信じ込んでしまう。その日以降も日常的に実験とは関連性のない異臭がして、決定的だったのが、94年6月20日ごろに実施した水の分析の結果だったという。

〈「教団施設内から採取した水だ」と言いながら村井がその水の分析を私に指示したのですが、その水から何とサリンが検出されたのでした。私は「尊師の説法どおり、やはりサリンが撒かれていたんだ！」と信じ込んでしまいました〉（土谷、最高裁に提出した上申書）

〈麻原氏が沈黙してしまったため、「毒ガス攻撃」についても、「強烈なマスタード臭」にしろ「1994年6月20日頃の水分析の結果、検出されたサリン」の件についてもはっきりした事が今も分からないのですが、おそらく麻原・村井あたりが画策した自作自演だったのでしょう〉（同）と土谷は分析した。

子どもらが相次いで倒れたのは、「集団ヒステリー」的な現象だった可能性もあるだろう。杉本繁郎にあらためて確認してみた。当時、驚くことに教団施設周辺の水だけでなく、富士宮市などを流れる富士川の水や富士山登山道途中のわき水、さらにはコンビニで買ったミネラルウォーターからも、サリンの成分が検出されていたという。それが事実だとしたら、その原因は、自分たちで生成したサリンを分析した後に検知器の煮沸や消毒を十分にせずに使い回していたからではないか、と杉本は指摘する。

毒ガス攻撃への対抗措置として、教団施設内や教祖が乗る車には「コスモクリーナー」と呼ばれる空気清浄器と加湿器を設置したが、加湿器の水には大量の石灰が混ぜられ、車のシートが真っ白になるほどだったという。

空気清浄器は稼働していたが、まったく換気されない部屋で大量の石灰を含んだ水分が加湿器から噴霧されたために健康被害が起きたのではないか、というのが杉本の推測だ。

■妄想のきっかけ

麻原が毒ガス攻撃を受けたと言い出すきっかけがあった。杉本繁郎によると、1993年秋、麻原の身の回りの世話をする「ダーキニー」と呼ばれる、若い女性信者の全身に湿疹ができた。上九一色村の施設から富士宮市の富士山総本部に彼女を移したところ、湿疹が治ったという。

これを機に、麻原は上九一色村の第2サティアンの南側にあった肥料工場から毒ガスをまかれている、と言い始めた。工場を調べろという指示を受け、杉本が土地や建物の謄本を確認すると、教団が上九一色村の土地を購入する前の88年にはすでに登記されていることが分かった。土地購入以前から工場はあり、毒ガスとされていた肥料の臭いが、ずっとしていた。

杉本がこうした事実を報告すると、麻原は「あの工場は間違いなく教団施設に毒ガスをまく目的で建てられたものだ」と断定し、異を唱えようとした杉本は退室を命じられた。同席していたイエスマンの村井秀夫ですら顔をしかめていたのを、杉本は鮮明に覚えているという。

それ以来、麻原は移動の車の中、宿泊先のホテルなどいたるところで四六時中、政府や米軍から毒ガス攻撃を受けているなどと妄想を語り始めた。杉本は、教祖は頭がおかしくなってしまったのではないか、と本気で疑った。

極めつきは、94年4月に名古屋空港で起きた中華航空機の事故だった。麻原は事故直後、名古屋支部道場の説法で事故の原因を「私を狙って大量の毒ガスがまかれたからだ」と発言したという。

麻原の妄想はなぜここまで膨らんだのか。

中川智正は99年8月、林泰男の公判に出廷した際に、自分がガス検知器で毒ガス反応を検出したと報告したのが原因で、教団に毒ガスがまかれているという麻原の被害妄想を助長してしまった、と認めている（降幡賢一、『オウム裁判と日本人』、平凡社新書、２０００年）。

背景にあったのは、坂本弁護士一家殺害事件の捜査の手が及ぶかもしれないという不安ではないか、と杉本は指摘する。実行犯の一人である岡崎一明は、すでに教団から離れ、龍彦を埋めた場所を示す手紙を神奈川県警に送っていた。神奈川県警が捜索に乗り出したが、掘った場所がわずかにずれていて見つけることができなかった。

杉本の回想録によると、86年ごろにはすでに、麻原は〈解脱すれば現世で罪になることをしてもカルマにならない。だから、解脱者には罪はない〉と身勝手な論理を語っていた。90年以降は〈最終解脱者は現世の法則を超越している。だから罪を犯しても警察に逮捕されない〉などと語るようになったという。坂本弁護士一家殺害事件の捜査が進まなかったことは麻原を増長させた。しかし、いつか捜査の手が自分に及ぶのではないか、という不安が麻原の精神を蝕《むしば》んだ、というのが杉本の推測だ。

教祖の妄想を多くの出家信者が共有した結果、米軍や自衛隊から攻撃されているという根拠のない被害者意識はより強まった。目の不自由な麻原に、誇大な情報を入れていたのは中川だけではない。村井や井上嘉浩らは教祖の気持ちを推し量って、意に沿うような情報ばかりを集め、耳に入れていたのではないか。

弟子も教祖に依存していたが、情報源として麻原もまた側近の弟子に依存していた。その結果、共同幻想のように膨らんだ被害妄想は組織の結束を強め、暴走する教団にガソリンを注ぎ込むことになったのだ。

第6章

師弟対決

■その名前は捨てました

地下鉄サリン事件から1年1カ月後の1996年4月24日、麻原の初公判が東京地裁で開かれた。傍聴券を手に入れるため、テレビ局や新聞各社が社員やアルバイトを大動員して、日比谷公園の中に長い列ができた。

一般傍聴席48席に対し、約256倍となる1万2292人の傍聴希望者が並んだ。日本の刑事裁判史上、1位。おそらく破られることはないだろう。

麻原が収監されていた東京・小菅の東京拘置所周辺は、早朝から異様な空気に包まれた、と東京新聞の夕刊が報じている。

正面ゲート付近には警察官が1メートル間隔で並び、その後方には取材陣が約300人も集まった。午前7時15分、正面ゲートから警視庁のパトカーや、万が一の奪回作戦にも備えたテロ警戒車ら5台に前後をはさまれて、クリーム色の中型バスの護送車がゆっくりと走り出た。防弾防爆車の窓は分厚いカーテンで覆われていた。

それまで「尊師のエネルギーを感じる」と拘置所周辺を「巡礼」していたオウム真理教の現役信者たちは、この日は姿を見せなかった。車列は、小菅のインターチェンジから首都高速6号線へ。VIP並みの移動作戦を上空から狙うため、報道各社のヘリコプター十数機が乱舞していた。護送経路の沿道などで約3000人の警察官が警戒に当たった。

7時47分、車列は霞が関の東京地裁に到着した。機動隊の車両が、庁舎の周囲をぐるりと取り囲む厳戒態勢。近くの地下鉄の出入り口は、到着時刻に合わせて一時的に閉鎖された。

大騒動だった建物の外とは対照的に、東京地裁の法廷内には静かな緊張感が漂っていた。この日、冒頭から104号法廷の記者席に座ることができた私は、教祖の一挙手一投足を見逃すまいとその動きを凝視していた。

午前10時開廷。傍聴席は満席だ。正面の一段高いところに、裁判長の交代に備える補充裁判官も含めた4人の裁判官が着席した。

麻原は着古した藍色の作務衣《さむえ》のような服を身に着け、刑務官に手を引かれながら法廷に姿を見せた。伸ばし放題の髪の毛は後ろで束ね、ひげも伸ばしたままだった。土気色の顔にはしわが目立ち、41歳には見えなかった。

1日置きの絶食で体重が30キロ以上減少し、67、8キロになっていた。逮捕時、「重くてすいません」と、身を潜めていた第6サティアンの隠し部屋から出てきて捜査員に謝ったと聞く。その時に着ていた紫色の教団服（クルタ）は、ぶかぶかで着られなくなったという。

以下は、人定質問での阿部文洋裁判長とのやり取りだ。

裁判長「名前は？」
麻原「麻原彰晃といいます」
裁判長「戸籍上の名前は？」
麻原「麻原彰晃といいます」

裁判長「松本智津夫じゃないんですか？」
麻原「その名前は捨てました。麻原彰晃と申します」
裁判長「生年月日は？」
麻原「1955年3月2日です」
裁判長「本籍、住所は？」
麻原「覚えておりません」
裁判長「仕事は？」
麻原「オウム真理教の主宰者です」
裁判長「起訴状には無職とあるが」
麻原「オウム真理教の主宰者です」

■四無量心

地下鉄サリン事件の被害者3807人全員の氏名を検察官が読み上げ、注目の罪状認否は夕方までずれ込んだ。阿部裁判長が「被告人、前に出なさい」と促した。

「私は逮捕される前から、そして逮捕された後も一つの心の状態で生きてきました」。午後4時半前、麻原はまずこう切り出した。「それは聖慈愛、聖哀れみ、聖称賛の実践。これら三つの実践によって私の身の上に生じるいかなる不自由、不幸、苦しみにも一切頓着しない聖無頓着」と語った。

マイトリー、カルナ、ムリター、ウペクシャーなどの宗教用語を交えながら「私の今の心の状態ですが、（略）降りかかるいかなる不自由、不幸、苦しみに対して、一切頓着しない」と心境を述べた上で、「これ以上のことをここでお話しするつもりはありません」と打ち切った。「起訴状の内容について、自分の実践として行ったということですか？」

阿部裁判長がさりげなく核心を突く質問をすると、意図を察知した弁護人が「これ以上言う意思はありますか？」と割って入った。「ありません」と麻原はきっぱりと答えた。

罪状認否は「留保」だった。当時、教団にはまだ多くの信者が残っていた。彼らは教祖の言動に注目していたはずだ。初公判での宗教的な意見陳述はどんな影響があるのか、知り合いの元信者数人に私は電話取材をした。

「科学技術省」に所属していた元幹部によると、麻原の意見陳述はオウム流の「四無量心」と言われる内容に触れたものだった。「サマナ（出家信者）にとっては聞き慣れた説法だが、麻原の言葉はしばらく表に出ていなかったので、現役サマナは待ち望んでいたはず。『尊師はいかなる状況でも不動心を失わないんだな。自分が思っていた通りだ』と考える。脱会者でも、心が揺れている人は戻ってしまう可能性がある」と危惧した。獄中から信者を支配しようと執着する麻原への怒りを感じた、という。

別の元信者からは、「事件がオウムの犯罪と分かっていても、心を乱してはいけないという信者向けのメッセージ」「現役信者の結束を強めるだけだ」との声も聞かれた。

■林郁夫の証言

初公判の前から波乱含みだった。1995年10月25日、麻原は私選弁護人を解任し、翌日に予定されていた初公判は約半年ずれ込んだ。東京の3つの弁護士会から推薦された12人の国選弁護団は、東京地裁の審理計画に反発した。

月6回の開廷を求める裁判所に対し、弁護団は「月3回が限度」と主張し、紛糾した。遺族や被害者の感情を考えて迅速な審理を重要視する裁判所と検察、適正な裁判手続きにこだわる弁護団が激しく火花を散らした。

「事件ごとに担当を分けるなら弁護の責任がもてない。解任を求めるしかない」と弁護団は裁判長に迫った。「かすみを食って生きているわけではない。仕事の8割を（この裁判に）とられ、月6回が続けば死んでしまう」と本音を吐露する弁護人もいた。

17件もの事件で起訴された首謀者の弁護活動には、膨大な訴訟資料を読み込む必要がある。現実問題として、弁護士としての仕事の大半はこれに費やされるだろう。国選弁護料は通常よりも大幅に増額され、弁護士会からの支援があるとしても、事務所の経営を維持するにはほど遠い額だ。弁護団は弁護団長と副団長以外は名前を明かさなかった。麻原の弁護をしていることが知られたら、顧問契約を打ち切られる可能性もあるからだ。

本格的な審理が始まったのは96年9月19日、第7回公判の「師弟対決」からだった。一人目は「治療省大臣」だった林郁夫。千代田線の車内でサリンをまき、霞ケ関駅で助役二人が亡くなっている。

林自身の公判は、罪を全面的に認めていたこともあり、審理が速く進んでいた。私が強く印象に残っているのは、地下鉄サリン事件の審理で、意見陳述した場面だ。3人の裁判官が全員、身を乗り出して陳述に注目する中、途切れとぎれにメモを読み始めた。

「帰依していた麻原の命令だったとはいえ、私どもの卑劣な行為によって命を奪われた……」

ここまで読み進むと、林は絶句し、幼子のように「ひぇーん」と大声で泣き始めた。傍聴席からも遺族のすすり泣く声が響いた。

「……まったく弁解の余地はなく、何とおわびを申し上げていいか分かりません」

鼻をすすりながら罪を悔いる林は、亡くなった営団地下鉄（当時）の助役の高橋一正と菱沼恒夫の二人が、サリン袋を直接手で片付けようとして殉職したことに触れた。

「そのような崇高な行動に比べ、医師として命や健康を守る使命を与えられていたはずの私が引き起こした無差別殺人行為のなんとおぞましいことか。（二人の職員との）落差に雷に打たれたような強い衝撃を受けました。麻原のまやかしにもっと早く気付かなかったのか、無念で、恥ずかしくてなりません」（林、意見陳述）

慶応義塾中等部から高校、大学医学部に進み、71年、同大学病院で心臓外科の専門医として勤務を始めた。その後、米国・デトロイトへの留学などを経て、茨城県内の国立療養所「晴嵐荘病院」の初代循環器科医長に迎えられた。

順風満帆の人生。華やかな経歴の陰で、理想の自分の姿を追い求め、精神世界への傾倒を深めた。12年間在籍した阿含宗に物足りなさを感じていた時、「解脱」への道として、「クンダリニーの覚醒」を指導する麻原に出会った。90年5月、麻原に指示され、林は家族とともに出家する。布施の総額は、現金以外も含め8000万円に上ったという。

96年9月19日の104号法廷。グレーの背広の上下に眼鏡。林の端正な顔立ちには、かつてのエリート外科医の面影が残っていた。顔は青白く、開廷直後は緊張からかすれ気味だった声も、尋問が進むにつれて落ち着きを見せた。

「地下鉄にサリンをまくことを指示されたのはいつですか？」

検察官からの質問に林はこう答えた。

「平成7年3月18日未明です。村井秀夫の部屋に林泰男、広瀬健一、豊田亨、横山真人とともに呼ばれました」

林の証言によると、村井の指示は以下のようなものだった。

「君たちにやってもらいたいことがある。近く強制捜査があり、騒ぎを起こして捜査の矛先を変えたい。嫌だったら断ってもいい」

「心臓が大きくどきんと1度動くのを感じた」と林。

その指示が何を意味していたのか、検察官は念を押すように聞いた。

「村井は首を上に向けて、目の玉も同じように上に向け、『これは……だからね』と言った。その指示が村井よりも上のもの、すなわち麻原の指示であるということが分かりました」

かつての教祖を呼び捨てにした林は、罪状認否を留保した麻原を「宗教人であるなら犯した罪の真相を語らなければならないのに、それもできない心の持ち主だ」と面罵した。

翌年1月17日に開かれた第22回公判では、不利な証言を続ける林に向かって、麻原が「バカ野郎！　お前、何のために来たんだ」と怒鳴りつける場面もあった。

麻原より年長者で社会経験も豊富だった林は、宗教的な呪縛からは解き放たれている印象を受けた。教祖批判の激しさは、こんな人物を信じた自らの浅薄さへの憤懣《ふんまん》にも映った。

■井上嘉浩「リムジン謀議」を証言

「師弟対決」のハイライトは、1996年9月20日から7回にわたった「諜報省長官」の井上嘉浩の証言だった。当時彼はまだ26歳。自分自身の裁判では法廷の外まで聞こえるような大声だったが、麻原と対決する場面では、いつもとはまるで違っていた。傍聴席の最前列に座っていた私でも聞き取れないほどだった。

宣誓書を持つその手が小刻みに震えていた。

「もっと大きな声で」と弁護人の声が何度も飛ぶ。尋問が始まって1時間10分ほど経過したころ、核心に触れる証言が飛び出した。

地下鉄サリン事件の2日前の3月18日未明、東京・杉並の教団系の料理店で開かれた正悟師の昇任祝いを終え、上九一色村に戻る途中、麻原専用のリムジン車の中で話されたいわゆる「リムジン謀議※」だ。公判の行方を左右する重要証言だった。

地下鉄サリン事件では、検察側は「教祖の犯罪」を立証する上で、井上証言を核として位置付けた。リムジンの中でのやり取りを、この日の井上の証言から再現してみる。

予想される警察の強制捜査を攪乱するための手段を、車内で麻原が問うた。

麻原「アーナンダ（井上）、何かないのか」

井上「T（ボツリヌス菌）ではなくて、妖術（サリン）だったらよかったんじゃないですか」

3日前、霞ケ関駅構内にボツリヌス菌を散布するために、井上はアタッシェケースを改造した噴霧器を置いたが失敗していた。

村井「地下鉄にサリンをまけばいいんじゃないか」

麻原「それはパニックになるかもしれないな。アーナンダ、この方法でいけるか」

井上「尊師が言われるようにパニックになるか判断できません。山梨、長野県警がサリンをつくろうとしていることに気付いているかもしれない。硫酸か何かの方がいいのでは」

麻原「サリンじゃないとだめだ。お前じゃだめだ。マンジュシュリー（村井）、お前が総指揮を執れ」

村井「今度、正悟師になる4人を使いましょう。豊田、林泰男、広瀬、横山」

麻原「クリシュナナンダ（林郁夫）も加えればいいんじゃないか」

「ジーヴァカ（遠藤）、サリンをつくれるか」

遠藤「条件が整えばつくれるんじゃないですか」

※リムジン謀議
リムジンの後部座席に乗車していたのは麻原、村井、遠藤、井上、そして教団の顧問弁護士だった幹部、「法皇官房」幹部の6人。井上と弁護人は「リムジン内では地下鉄でサリンをまくという共謀は成立していない」と主張していた。サリンを散布したとしても強制捜査は免れない、という段階で話は終わっており、麻原は「瞑想して考える」と車を降りたので、具体的なことはリムジン内では何も決まっていないという主張は裁判中一貫していた。

井上自身の一審判決では、「リムジン車内で、共謀が成立したと見るには無理がある」と、検察側の主張を採用しなかった。麻原の一審判決では、リムジン内で共謀が成立した、と認定している。

■サリン袋を「修法」

井上嘉浩は同じ日の法廷で、「リムジン謀議」と同様に、重要な証言をしている。

事件直前に麻原がサリンの袋が入った段ボール箱に触れ、エネルギーを込める「修法」と呼ばれる儀式をしたことを明らかにしたのだ。「修法」については調書になっていない新証言だった。さらに、サリンを散布する実行者に加え、送迎する5人の運転手役を麻原自らが指名していたことも明らかにした。

「修法」の儀式があったのは事件当日の未明。東京・南青山の教団の道場に火炎瓶を投げ込むなどの「自作自演事件」の報告を終え、麻原の部屋から出ようとした井上と入れ違いに、サリンの袋が入った段ボール箱を抱えた遠藤誠一が入ってきた。

麻原はサリンと確認した上で、箱に手を触れ、瞑想した。事件直前、麻原がサリンの発散に具体的にかかわっていたことを示す証言だ。


井上は逮捕後、黙秘を続けていた。その後、被害者の調書などを見せられたことで、心が揺さぶられ、少しずつ供述を始めた。しかし、麻原の関与については強い宗教的呪縛からなかなか話すことができなかった、と証言している。

井上が地下鉄サリン事件での教祖の関与を初めて供述したのは、95年5月の逮捕から4カ月ほど経ってからだ。井上の弁護人によると、どうしても話しておきたいと、真夜中に東京地検の検事を東京拘置所まで呼び出し、リムジンの中での会話を明かしたという。まだ気持ちの整理がつかず、詳細な内容は話せなかったことに加え、弁護人の「法廷で証言すればいい」というアドバイスで、骨子だけのシンプルな調書が作成された。

麻原との共謀を全面的に否認している井上にとって、自らがその場にいたリムジン謀議の内容を明らかにすることは、自身も不利な状況に追い込まれる可能性があった。だが、彼は証言する道を選んだ。

これらの証言は、村井秀夫の死でブラックボックスになっていた教祖の関与を浮かび上がらせた。弁護団の厳しい反対尋問にも、井上の証言の骨子は揺るがなかった、と私は思った。

「僕は被害者が知りたいと思っている事実を知っている。言わないでいた方が悔いが残ります」。証言に立つ前日、彼は弁護人にそう決意を語っていたという。

あえて感情を抑え、自分が経験したことを注意深く証言してきた井上だったが、その日の証言を終える際に、麻原の前で叫ぶように訴えた。

「松本智津夫氏が救済者になった時点で、教えが解脱や救済から逸脱してしまった。グルに対して盲目的（証言ママ）に帰依することが浸透した時点でオウムは堕落した。覚醒を求めるなら、最終解脱者も教団も、グルも、正大師も、サマナもいらない。解脱というのはグルのコピー人間になることじゃない」

■反対尋問の中止を要求

麻原は、釈迦の晩年の25年間、身の回りの世話をした十大弟子の一人にちなむ「アーナンダ」というホーリーネームを井上嘉浩に与えた。その直弟子の証言は、麻原にとっては衝撃だったのだろう。約1カ月後の10月18日の公判で弁護側の反対尋問が始まろうとしたその時、麻原は突然、尋問の中止を訴えた。

検察の主張を崩すための弁護側の反対尋問を被告側が中止することは、被告を守る権利（防御権）の放棄になる。何が起きたのか？　私は記者席でメモ帳を片手に固唾《かたず》を飲んで見守った。

その時の様子を取材メモから再現してみる。

発言を許された麻原は、証言台の前まで進み、立ったまましゃべり始めた。

麻原「アーナンダは私の弟子であり、偉大な成就者である。このような人に反対尋問すると、尋問する者だけでなく、それを見聞きする者も害を受け、死ぬこともある。この事件についてはすべて私が背負うこととします。従って井上嘉浩君への反対尋問を中止してください。これは被告人の権利です」

一報を伝えるために記者が一斉に法廷から飛び出し、騒然とした雰囲気になった。

裁判長が念を押すように尋ねた。

裁判長「井上証人はリムジンでの謀議を証言するなどしているが、一切、反対尋問をしなくていいということですか」

麻原「私の主宰神の啓示があった」

たまりかねたように主任弁護人が立ち上がって尋ねた。

主任弁護人「啓示があったのはいつですか?」

麻原「今朝です。裁判所に来て拘置されている時です。（反対尋問は）絶対やるべきではない」

休廷後にあらためて証言台の前に立った麻原は、こう切り出した。

麻原「私は全面無実です。修行を成就した井上嘉浩君を苦しめるだけで、みなさんに苦しみの業を与えることになる。（井上が）どれほど世界の嘲笑にさらされるか、胸が詰まる思い。私の真意としては反対尋問を中止していただきたい」

弁護団も尋問中止を求めたが、裁判長は続行を宣言。この後の反対尋問では、麻原の関与がより印象付けられる形になった。麻原は弁護団に不信感を強め、深い亀裂が入ることになった。

閉廷間際に阿部裁判長が井上を証人席に呼ぶと、麻原は突然、「井上証人」と呼び掛け、「精神状態が悪いと思われるかもしれないけど、そこで飛んでみてくれ」と発言する場面もあった。

一連の発言の裏には、主尋問で暴露されたリムジン内での会話などをこれ以上、詳細に話してほしくないという麻原の意図が見て取れた。計7回にわたった井上の証言中、麻原は井上本人に聞こえるように何度もささやいたと井上は明らかにしている。

「そんなことばかり言っていると来世は地獄に落ちるぞ」「何のために村井が死んだのか考えろ。お前が喋らなければそれで済んだじゃないか」

露骨な圧力をかけ続けたかつての師から、井上の心は完全に離反した。

■神経を蝕んだ弟子の証言

丸ノ内線でサリン袋を突き刺した実行犯の広瀬健一が「師弟対決」に臨んだのは、1996年10月4日だった。広瀬は犯行に至る動機を説明する中で、麻原が「武力による救済として、ボツリヌス菌や炭疽菌の培養や散布、毒ガスのホスゲンやレーザー兵器、自動小銃の開発製造などを指示した」などと、教団武装化の流れを詳細に証言した。

地下鉄サリン事件についても詳しく語った。サリン発散後、教団施設に戻り、第6サティアンで麻原に報告した。その際に、麻原に「科学技術省の者にやらせると結果が出るな。これはポアだからな。分かるな」と言われ、「被害者が尊師の力によって高い世界に転生した」と安心したこと、「サンジャヤ（広瀬のホーリーネーム）が一番、修行が進んだな」とねぎらわれたこと、「偉大なるグル、シヴァ大神、すべての真理勝者方にポアされてよかったね」のマントラを1万回唱えるように指示され、それに従ったことなどを証言した。

逮捕後も揺るがなかった教祖への帰依は、被害者や遺族の調書を読んだことを機にぐらついたと明かした。広瀬はかつての教祖を批判した。

「おそらく、松本被告は今でも、自分を最終解脱者、救済者だと思っていると思いますが、今までの経過は松本被告の意思通りになっていないことが多く、本当は自分の力に気付いていると思います。予言をして都合のいい解釈をして自分をごまかしている。今までの経過を直視して真実を見極めてもらいたい」

教祖への気持ちを問われた広瀬は、「黙って離れたい気持ちです」と小さな声で漏らした。証言を終え、退廷する時、目は真っ赤だった。かつての「ポアされても本望」というほどの信仰心が吹っ切れたように、さばさばとした表情だったのが印象に残っている。

私はその日の日記にこんな感想を記していた。

〈潔く誠実な人柄が表れている。身体に電流が走ったような感動だった〉

翌月、広瀬への弁護人の反対尋問が始まると、麻原はまたも独り言をつぶやき始めた。「この裁判は異常だと思います」「ここは劇場じゃないか。死刑なら死刑でいい！」

阿部裁判長は初めて退廷を命じた。刑務官に引きずられるようにして、麻原は法廷から出て行った。

坂本弁護士一家殺害事件の審理では、実行犯の岡崎一明が「親指で人さし指をはじくようにして『ポアだ』と繰り返した」「（事件後）麻原は刑法の殺人罪の条文を読ませて、『共犯や主犯はどうなっているのか』と聞いていました。聞いた麻原は『3人殺せば死刑だな。指示した私も同じだな』と言っていた」と証言。岡崎の証言中、麻原は「うそだ」「完全にうそを言っている」「裁判長を出せ」などと大声で妨害し、退廷させられた。

同じく実行犯の早川紀代秀は、麻原が「教団の障害になる」「一緒にやるしかない」と家族の殺害も指示したことを詳述し、端本悟も「すべての指示は麻原」と述べた。

弟子たちの証言は確実に麻原の神経を蝕んだようだ。

東京拘置所の記録によると、麻原は96年10月18日に、井上嘉浩への反対尋問が終わって拘置所に戻ってきた時、「おれの弟子は……」と泣き叫びながら、「くそー」と言ってチーズを壁に投げつけた。麻原は泣きながら独り言を言い、早朝まで弟子の名前をつぶやき続けたという。

10月21日早朝には、独居房の扉を手でたたき「私は出たい」などと大声を出した。その後も職員の制止に従わず「精神病院（記録ママ）に入れてくれ」と叫び、扉を足で蹴るなどしたため、保護房に収容されている。

興奮状態が収まり2日後に独居房に戻ったが、翌日午後、職員が扉を開けた際に「ここから出せ」と頭から体当たりし、職員を押し倒そうとしたため、再び保護房に入れられた。

96年10月21日から11月20日にかけて、国選弁護団が計21回麻原に接見を求めたが、14回は拒否。オウム真理教への破壊活動防止法適用の可否を問う手続きにおいて、教団側弁護団は計4回接見を求めたが、いずれも拒否したという。

自分を裏切るとは微塵も思っていなかった弟子たちの証言に追い詰められた「最終解脱者」の苛立ちと焦燥が伝わってくる。

■初の罪状認否　弟子に責任転嫁

起訴された17事件について、麻原が初めて起訴内容に対して意見を述べたのは、初公判から1年後の1997年4月24日の第34回公判だった。二人の陪席裁判官が人事異動で交代したため、更新手続きとして行われた。裁判官が交代する時は、必ず被告人と弁護人が起訴状に対する意見を裁判長から求められる。麻原はこの機会に認否を述べたのだ。

麻原は初公判以来、罪状認否を「留保」し明確にしていなかったが、その後の法廷では証人尋問中に「認否させろ」などと不規則発言を繰り返し、裁判長に何度も制止されるほど、意見陳述に強い意欲を示していた。弁護団とは認否の内容を相談していなかったため、むき出しの願望が表に出てきたのだと私は思う。

私は、この直前にオウム裁判担当を外れ文部省担当に異動した。裁判の応援で取材していたが、麻原の認否の際には法廷にいなかった。当日の東京新聞の記事から再現してみる。

この日、検察側は17事件の起訴状の要旨を朗読。これに続いて麻原が英語を交えながら意見陳述を始めた。まず地下鉄サリン事件についての英語での陳述に続き、次のように語った。「弟子たちがやったとしても、1袋200グラムの中の10グラムが散布されたもので傷害。村井、井上嘉浩、彼らは逮捕されるだろうと思った。私は共謀共同正犯は……、弟子たちの……、彼らに負けた形になり……」

要するに、地下鉄サリン事件は弟子たちに押し切られた末の犯行だったという主張だ。

元教団信者のリンチ殺害事件については、「殺害の指示はしていない。弟子たちが直観的に殺した」と主張。目黒公証役場事務長の監禁致死事件は「情報を集めろと言っただけ」とし、坂本弁護士一家殺害事件も「麻原彰晃が指示していないことを明言したい」「この事件についてはすべて無罪である」などと述べた。

続いて、ヴァジラヤーナの教義に基づく最初の殺人である元教団信者リンチ殺害事件は、「嘱託殺人である。私が指示していないのは明白」。幻覚剤のLSDの密造も、「売り物としていない。私は無罪」と述べ、幻覚剤のメスカリン密造についても「麻薬ではなく、睡眠薬で副作用もないから、麻原彰晃は無罪」と陳述。

麻酔薬チオペンタールナトリウム密造は、「私は厚生省の許可が出なければだめだと言ったが、弟子たちがつくった」。自動小銃密造に対しては、「銃身があっても、弾がないから無罪」などと一連の事件に教団がかかわったことは認めつつ、自らの関与、共謀について、明確な否定を繰り返した。

「ナンバー・ファイブ・ツツミ・サカモト」「アイド・ネバー・キルド・ヒム……」。たどたどしい英語と日本語の意見陳述を交互に繰り返すたびに、阿部裁判長から「日本語で話したら」と再三注意を受けた。それでも、麻原は一切気に留めなかった。最後に麻原は「……すでに裁判は終わっており、自分は釈放されるべき」と発言。「これをエンタープライズの原子力空母の上でやるというのは、うれしいというか、悲しいというか。これで麻原彰晃の論証を終わります」と締めくくった。

だらだらと2時間40分も続いた麻原の陳述内容を3大事件に絞って整理してみると——坂本弁護士一家殺害事件は実行犯が5、6人ぐらいなので、罪も5分の1、6分の1になるので無罪。松本サリン事件は実験が目的であり、死んだのは犬、魚なので無罪。地下鉄サリン事件は村井と井上を呼んでストップを命じたが、二人に負けた形になった。そのため殺人ではなく傷害罪——という主張となる。

この後、麻原は自分の法廷で意味のある供述はしていない。弟子の法廷では99年9月22日、豊田亨、杉本繁郎の公判で証言したのが唯一の対応だった。ここでも地下鉄サリン事件について「私は地下鉄の『ち』の字も話していない」などと、無罪を主張した。その後の麻原は不規則発言で退廷させられるか、居眠りをしていることが多くなった。

麻原公判は検察側立証だけで25年かかる、という予測もあったが、検察は97年12月、地下鉄、松本両サリン事件の重軽傷被害者のうち、傷害の程度が重い18人を除く3920人を殺人未遂の起訴内容から外す訴因変更を決断した。さらに3年後には起訴した17事件中、教団信者以外には実質的な被害が出ていない覚醒剤密造など薬物関係の4事件の起訴を取り下げるという異例の対応をした。

一方、ポイントを突く鋭い反対尋問をしてきた主任弁護人の安田好弘が、98年12月に強制執行妨害の容疑で逮捕されるという予想外のことが起きた。約10カ月間も勾留され、保釈後も自らの公判対策のため、安田は麻原の法廷に姿を見せることができなくなった。

安田の逮捕容疑は、旧住宅金融債権管理機構の債権回収を免れるため、顧問をしていた企業の資産隠しを指示したという内容だった。この安田の事件については、1000人以上の大弁護団が結成され、2003年12月に東京地裁は無罪判決を出したが、二審では逆転有罪となり、最高裁で50万円の罰金刑が確定した。麻原公判が検察の思い通りに進まない中での立件だったため、死刑廃止運動のリーダーでもある安田を狙い撃ちにしたとの批判も上がった。

安田という司令塔の不在によって裁判は緊張感を欠き、重箱の隅をつつくような反対尋問も目立ち、時には麻原に不利な証言を証人から引き出すこともあった。肝心の被告が上の空で裁判に向き合う気がないのだから、弁護活動は空回りの形になった。

■苦悩の結晶

初公判から7年後の2003年4月24日に開かれた、13事件に対する麻原への論告求刑。4人の検察官の連名による論告は、2度の休憩をはさみ4時間半にわたった。要旨が285ページにもなった。一連の事件の動機を「被告人の異常なまでに強烈な権勢欲と支配欲」と指摘。オウム真理教については、「チベット密教の特殊な教義を独自に変容し、人々の恐怖心や不安感を煽って信者を獲得した。宗教を悪用した欺瞞《ぎまん》に満ちた砂上の楼閣だった」と切り捨てた。

さらに、「自己の権威を守り欲望を満足させるためだけに、弟子に敵対者を殺害させ、巻き添えになって死亡する人がいても何ら躊躇しなかった。人間性を完全に失った鬼畜の所業」と激しい言葉で麻原を糾弾した。被害者遺族らの「八つ裂きに」「自分が殺してやりたい」「サリンによる死刑執行を望む」などといった発言も引用した。

当日の日記に私はこんな感想を書いている。〈麻原の教団内での立場や犯罪事実そのものよりも、被害者や遺族の感情などに重点を置き過ぎた論告求刑で、残念だった。初公判から7年という時間をかけていながら、中身がなく、むなしい〉

1995年秋、オウム裁判が本格化した時期に担当した検察官は、オウム真理教の教義についてもかなり研究していることが質問の内容を聞いていて伝わってきた。取り調べをした警察の捜査官、そして検察官も、真実の解明に対して謙虚な姿勢があったからこそ、頑なな信者の心を解きほぐし、供述を得ることができたのだと思う。

しかし、公判が長くなり、担当する検察官が人事異動で次々と機械的に交代していくうちに、熱意を感じられない検察官が増えた——。正直なところ、そんな印象を受けるようになった。

03年10月31日。弁護側が「一連の事件は弟子たちの暴走であり被告は無罪」とする最終弁論を行い結審した。東京地裁で開かれた審理は256回に上り、初公判から判決まで、7年10カ月を要した。麻原は最終弁論の機会も放棄し、大柄な刑務官たちに引きずられるようにして、法廷を後にした。

「本物の宗教指導者」「沈黙自体が強い意思表示」。弁論要旨には教祖を持ち上げる言葉が並んだ。麻原と意思疎通できないまま結審を迎えた弁護団が、「弟子の暴走」を無罪主張の柱に据えざるを得なかった800ページもの弁論書は、私には苦悩の結晶のように見えた。

東京新聞によると、検察側物証1万6039点（うち採用538点）、弁護側物証133点（うち採用123点）。証人171人（延べ522人）。総尋問時間1258時間（検察側206時間、弁護側1052時間）。12人の国選弁護人に支払われた弁護士報酬は計4億5200万円。傍聴希望者の総計は7万7893人。あらゆる点を見ても、けた外れの裁判だった。

04年2月27日の一審判決は、求刑通り死刑だった。

この日見た麻原の姿は、無理やり法廷に引きずり出されている感じだった。この姿だけを切り取れば、精神疾患を疑う声が上がるのも理解できる。

しかし、初公判以降の師弟対決や不利な証言への露骨な妨害、罪状認否という流れの中で考えると、私には判決時の麻原の姿は精神疾患の影響だとは思えなかった。国選弁護団は最後まで麻原の刑事責任能力も、単独で裁判を受けられる訴訟能力も問題にしなかったし、精神鑑定を求める声も上がらなかった。

一審の死刑宣告を受け、東京拘置所に戻った後、麻原は「なぜなんだ、ちくしょう」と大声を発したと報告されている。これが事実なら、自らが置かれた立場を十分に理解していたといえる。

■3年以内に釈放される

麻原は、なぜ裁判に向き合おうとしなかったのか。

杉本繁郎によると、麻原は逮捕される直前の1995年5月中旬ごろ、「私の身に何が起きても決して動揺することのないように」という趣旨の「尊師通達」を出し、逮捕を予見していた。一部の弟子たちには「私は逮捕されるだろう。しかし、1年か2年、長くても3年以内に釈放されるだろう」などと語り、それが予言のように弟子たちの間に広がっていたという。この点を、杉本に手紙であらためて確認してみた。

麻原は自らの願望を成就する神通力を持っていると信じて疑わなかった。「最終解脱者」なのだから、この世で何をしても罪にならない、殺人もカルマにならないと本当に思い込んでいたというのだ。外から見れば理解不能な発想であるが、麻原も自らの妄想が作り出した空虚な世界観にどっぷりと浸っていたのだろう。

ところが……。

〈いざ裁判が始まってみると、いくら自分が思念しても釈放されないばかりか、自分のことなど証言するはずがないと考えていた弟子たちが、次々と自分の目の前で裏切り始めた。自らが思い描いていた空想・妄想に過ぎない理想の世界と現実とのギャップを、徐々に理解し始めるようになったのだと思う。井上（嘉浩）に証言させるべきではないというシヴァ神からのお告げなるものがあったという発言がまったく通じないことを理解した麻原はその後、不規則発言を繰り返すことしかできなかったのだと思う〉（杉本、筆者への手紙）

初公判の3週間後の96年5月15日、収監されていた東京拘置所で開かれた破壊活動防止法の弁明手続きを思い出す。

麻原は、「拘置所の壁は厚く、洞窟と似ている。絶好の瞑想の機会を得ている」「瞑想修行を完成させたいので今の環境に満足している」「（省庁制の導入は）私に権力を集中させるためではなく、逆に権力の分散が図られたわけです。私の権力はそこで非常にそぎ落とされました」「（ヴァジラヤーナの教義は）味の素のようなもの。味の素を入れなくても、醤油や味噌で味は出る」などと独演会のように饒舌に語っていた。

それから半年も経っていない96年9月から10月の師弟対決の際、証言する弟子たちの前で見せた醜態は何だったのか。

あれっ？　絶好の瞑想の機会だと言っていたのは誰だっけ？　と突っ込みたくなったことを覚えている。しかし、長くても3年で釈放されると本気で考えていたなら、師弟対決の前の破防法の弁明手続きでは余裕があったことも十分に理解できるのだ。

「日本の王になる」と予言した97年が迫っているのに、拘置所の厚い壁をぶち破って外に出ることは不可能だという現実。それを直視せざるを得ない状況に追い込まれた麻原は、２００２年2月25日の公判を最後に、出廷しても何の反応もしなくなった。現実に目をふさぎたいという精神状態の表れが、一審法廷での麻原の姿なのだと私は考えている。

■公判停止の申し立て

国選弁護団は麻原の死刑判決を受け、即座に控訴し、辞任した。控訴審は松井武、松下明夫の二人が私選弁護人となり引き継いだ。二審の東京高裁は控訴趣意書※の提出期限を一審判決の約11カ月後の２００５年1月11日と定めた。

二審の弁護団は一審判決後、麻原に計36回、東京拘置所で接見したが、問いかけに無反応で意思疎通が不可能であるとして、公判停止※を申し立てた。

刑事訴訟法は、事件の真相解明と刑罰の適正で迅速な適用を法律の目的として明記している。裁判の終結までに時間がかかりすぎるのは被害者感情からも許されない。一方で、真相解明のためには一定の時間が必要だ。被告の防御権（被告が検察の立証活動を防御する権利）も保障しなければならない。

東京高裁の須田賢裁判長は04年12月、自ら拘置所に出向き麻原と面会するという異例の行動に出た。弁護人の立ち会いは認めず、「受け答えは自然で、発言を理解している」と訴訟能力があるとの判断を示した。

05年1月、高裁は控訴趣意書の提出期限を同年8月31日まで延長することに決めた。提出期限の日、弁護側は控訴趣意書の「骨子」を持参したが、精神鑑定への立ち会いや公開法廷での鑑定人尋問などに関する申し入れが拒否されたことを理由に提出を拒んだ。9月3日、東京高裁は控訴趣意書を「直ちに提出することを強く求める」との警告文書を弁護団に送付した。

高裁は、精神科医の西山詮に麻原の精神鑑定を依頼した。西山は「拘禁反応※はあるが拘禁精神病の水準には達しておらず、訴訟を続ける能力を失っていない」との鑑定書を出し、高裁は06年2月にこれを受け取った。

西山が東京拘置所で麻原に会って問診などを実施したのは計3回。鑑定書は、〈被告はものを握る能力があるのに、握らないことがあった。握ったり食べたりするが、ものを言わないとすれば、それは昏迷ではなく、自由な意思によって選択された無言と考えなければならない〉と指摘。拘禁反応が表れたのは1996年10月、井上嘉浩への証人尋問の際だったと分析した。〈弁護団に対する協力も裁判に無力と悟り、長い時間をかけ身につけた行動形態が今日の被告の姿だ〉と結論付けた。

一方、弁護団は世論に訴える作戦に出た。著名な精神科医に麻原と面会する機会を設定し、医学的なコメントを依頼した。野田正彰、秋元波留夫、加賀乙彦など、計6人の精神科医はいずれも麻原の訴訟能力を否定、または疑問視した。

加賀は55年から57年まで東京拘置所医務部で医官を務め、死刑囚の心理を克明に描いた小説『宣告』（新潮社、79年）を書いた。私は学生時代からこの作品を愛読していて、これまでに3回読んだ。加賀に話を聞くために、控訴が棄却される前に東京・本郷の自宅を訪ねた。

加賀によると、車いすに乗って面会室に現れた麻原はさっぱりとした服装だった。ひげをそり、髪も切って、青年のように見えた。質問には無反応で、せわしく身体をこすっていた。おむつをしているのが分かったという。20分ぐらい経った時に、加賀は突然、パンッと両手をたたいて大きな音をたててみた。刑務官も同席した弁護士も驚いて反応したが、麻原だけは反応を示さなかった。

かつて、加賀が医官として2年間勤務した時、拘禁反応の患者を72人診察した。このうち昏迷状態の4人と麻原の状態はそっくりだったという。

「昏迷」というのは、昏睡の前段階であり、カエルが危機に遭遇した時に死んだふりをするのと同じような一種の反射で、意志的な表現を示さない状態のことだという。その4人は精神科の病院に身柄を移したら昏迷状態が改善された。

「麻原も場所を移して治療すれば、3日で治ることもあるかもしれない。詐病で何年もの間、同じ状態を続けるのは不可能だ」と、加賀は詐病説を明確に否定した。

西山鑑定については、麻原と面会した6人の医師全員が否定的だった。医療施設へ移送して治療を受けさせることが必要だとする意見が多かった。

※控訴趣意書
控訴は、一審判決から14日以内に高裁に申し立てる必要がある。控訴趣意書は、控訴を申し立てた者が控訴理由を簡潔にまとめ、控訴審で何を争うかを明示した書面。刑事訴訟法３８６条では、期間内に控訴趣意書を差し出さない時は、決定で控訴棄却しなければならないと定めている。

※公判停止
刑事訴訟法３１４条は、起訴後に被告が心神喪失状態になった場合、検察官、弁護人の意見を聞き、その状態が続いている間は公判手続きを停止する決定をしなければならない、と規定している。検察側の主張を理解させ、被告の防御権を尊重することが法の趣旨。回復の見込みがない場合は、裁判所が検察官に公訴棄却の手続きを促す。

※拘禁反応
自由を拘束された状態が長く続いた場合にみられる精神障害の一つ。神経症、うつ状態、幻覚、妄想などの症状が表れる。重い精神疾患のような症状を示すものを拘禁精神病という。拘禁反応のうち、心身ともに自己表現をせず、外部刺激にも反応しない状態で、意識障害を伴わないケースを「昏迷」と呼ぶ。

■チキンレース

弁護団は、控訴趣意書を２００６年3月28日に提出すると表明した。しかし、東京高裁はその前日の夕方に控訴棄却を決定した。犯罪史上に残る「世紀の裁判」は、控訴審の審理に入らないまま、手続きの不備を理由に幕が引かれてしまった。

高裁の決定に対し弁護団は不服を申し立てたが、最高裁第3小法廷（堀籠幸男裁判長）は9月15日、申し立てを棄却し、麻原の死刑が確定した。4人の裁判官の一致した結論だった。第3小法廷は、麻原の訴訟能力について、西山鑑定や一審公判での発言、拘置所での言動などを考慮し、訴訟能力があると認めた同高裁の判断を支持した。

控訴趣意書の提出が遅れた点について、「弁護団は趣意書を作成したと明言しながら提出しなかった」と指摘。「意思疎通ができない」と提出を拒んだ弁護団の主張を、「提出遅延を正当化する理由にはならない」と退けた。また、「弁護人と意思疎通を図ろうとしなかったことがこのような事態を招いた。責任は麻原被告にもある」と指摘した。控訴棄却が正式に決まり、一審だけで裁判は終結した。

最高裁の決定を受け、東京高裁は強硬姿勢を強めた。高裁事務局長名で日本弁護士連合会に対し、「審理の進行を妨げた」として担当した二審の私選弁護人二人の懲戒処分を求めた。裁判所による懲戒請求は1970年以来であり、極めて異例な対応だった。

第二東京弁護士会は、松井武に業務停止1カ月の懲戒処分を出した。日弁連に対する審査請求の結果、処分は戒告に変更された。もう一人の松下明夫（仙台弁護士会）にも戒告処分が出された。戒告は弁護士法56条1項に定める「品位を失うべき非行」に該当する。

日弁連の懲戒委員会は議決書で、「控訴趣意書を長期にわたって提出せず、死刑という重大な判決を確定させてしまい、被告の裁判を受ける権利を失わせた」と指摘。一方で「弁護活動は全体として『真摯な活動』だった」として、戒告処分が相当とした。

結果的に、被告人の裁判を受ける権利と真相解明の場を失わせたのだから、弁護側の戦略は失敗だった。刑事訴訟法で定められている控訴趣意書を期限内に提出しないというやり方は、あまりに危険な賭けだった。裁判所に「チキンレース」を挑んで敗れたとも言え、「弁護過誤」との批判が出るのも仕方がない面はあった。

弁護団が準備していた控訴趣意書は、実質4ページ分。①被告人の訴訟無能力で公判手続きを停止しなかった原審に手続き違反がある。②被告人の責任能力を認めた原審には事実誤認がある——という簡潔な主張だけだった。趣意書を期限内に提出し、訴訟能力の有無を公開の法廷で争うこともできたはずだ。

弁護団によると、高裁の須田裁判長は当初の打ち合わせの段階で「2年で終わらせる」と宣言したという。「結論ありき」の印象を強く受ける。控訴審が始まる前に数カ月間、麻原に治療期間を与えることは、司法の手続きにとって検討に値する選択肢だったと私は考える。

高裁がそれを拒んだ理由は何か？　麻原に治療の時間を与えて改善が見られなければ、本当に精神に異常をきたしている可能性があり、公判停止が現実味を帯びてくる。弟子たちの死刑判決が次々と確定するのに、首謀者である麻原の裁判がいつ終わるか分からない。そういう状況に陥ることを避けたかったのではないか。

二審では被告人に出廷の義務はない。麻原が出廷して動機を語ることなど幻想に過ぎない。それでも、一審で証言を拒否した弟子たちに証言の機会を与えることはできた。宗教学の専門家を呼んで、オウム真理教の教義を詳しく調べることもできた。実際に新実智光の控訴審では、宗教学者に尋問している。

手続きの不備を理由に裁判を打ち切ったことで、教団の後継団体に残る者たちに「国家権力による弾圧」という口実を与えることになった。

■司法制度改革に与えた影響

一審判決まで8年近くを要した麻原の裁判は、司法制度改革審議会で裁判員制度の導入が議論されるきっかけになった。同審議会は2001年6月、裁判員制度や法科大学院（ロースクール）の創設などを盛り込んだ最終意見書を提出した。そこには、戦後最大級となる司法改革への提言とともに、刑事裁判の現状に対する厳しい認識が記されていた。

〈国民が注目する特異重大な事件にあっては、第一審の審理だけでも相当の長時間を要するものが珍しくなく、こうした刑事裁判の遅延は国民の刑事司法全体に対する信頼を傷つける一因ともなっている〉〈国民参加の制度（引用者注・裁判員制度）を新たに導入することとの関係で、その（迅速化の）要請は一層顕著なものとな〉る。

明言こそしていないが、麻原公判が念頭にあったのは間違いない。こうした文言が、裁判の迅速化の流れを決定付けた。意見書に応えるように、03年7月にまず裁判迅速化法が成立した。そして、刑事裁判の実務に大きな影響を与える改正刑事訴訟法が成立した。その柱は、検察官と弁護人が初公判前に争点を絞る「公判前整理手続き」の創設だ。裁判員の負担を軽くするのが目的だが、事前に決めた争点以外で争うことはできなくなった。

1995年秋から本格化した一連のオウム裁判では、事件の背景も丁寧に探ろうという審理の進め方をした裁判長が少なくなかった。「精密司法」と呼ばれてきた日本の刑事裁判では、裁判所は検察が起訴した内容だけではなく、動機や背景を掘り下げて詳細に事実認定してきた。被告や証人として教団元幹部に自らの体験を法廷でじっくり語らせた裁判長は多く、検察もそれに異議を唱えなかった。情報が遮断された閉鎖的な組織の中で、教祖がどんな振る舞いをし、弟子たちがどんな行動を起こしたのか、という事実がある程度解明されたのは、時間をかけた丁寧な審理が許容されたからだろう。取材する側にとっても、貴重な体験だった。

オウム裁判は、「精密司法」の思想に基づく最後の大型刑事裁判だった、と歴史的には位置付けられるのかもしれない。裁判員裁判で実施された平田信や高橋克也ら長い間逃走していた3人の元幹部の公判は、裁判員の負担の軽減を優先させるために、審理の迅速化が求められた。その結果、もはや被告の内面を深く探ろうという裁判所の姿勢はどこにもなかった。真相解明を刑事裁判に求めることは不可能な時代になったことを、強く印象付けた。

今後、オウム真理教事件のような組織的で重大な刑事事件が起きた場合、司法の場以外に真相解明の場をどう設定するのか。大きな課題だと思う。

東京電力福島第一原発の事故では、国会と政府がそれぞれ調査委員会を設置して、真実の究明にあたった。9・11米中枢同時テロ時の米国議会のように、国民が巻き込まれる大きな事件や事故、災害が起きた場合、司法とは別に第三者機関による調査ができるような体制づくりを求めたい。

■「弟子の暴走論」

この章の最後に一つ触れておきたいことがある。

一審の国選弁護団は、最終弁論で「弟子の暴走論」を柱にした主張を展開した。オウム真理教を取材したドキュメンタリー映画『A』（1998年）や、著書『A3』（集英社インターナショナル、2010年）などで知られる映画監督の森達也も、月刊誌の連載でそれに呼応するような主張をしていた。違和感を覚えた私は、この点について05年から06年にかけて早川紀代秀と林泰男に直接確認した。

早川は、むしろ弟子が暴走できなかったがゆえに事件は起こってしまった、と振り返った。

〈このことは公判での証言を詳しくご承知の方には納得いくことだと思います。私の知る限り、常に具体的に指示が出ていますし、もし自分の意に沿わないことであれば、それを止める機会も、力も、麻原被告には充分あったことは明白です。「ポアするのやめた」と一言、言えばそれで終わりなのですから。

日本人には江戸時代から、トップは良いが側近が悪いとする考え方が根を張っていたように思います。側近暴走説はなんとなく日本人の心に受け入れやすいというか、陥りやすい説ではないでしょうか。しかし、オウムの場合には当てはまらないことは、公判をよく傍聴してくださった方々がご存じの通りです。一般の在家信徒ならともかく、出家者でしかも側近ともなれば暴走はありません。暴走するようなものは側近とはなり得ません〉（早川、筆者への手紙）

森が月刊誌で「麻原が実効的な指導力を持っていなかった可能性」を指摘した点について、林は微塵もない、と言う。ただし教祖の身近に居た側近と言われる人々が、教祖のクローン＝ミニグル＝ミニ教祖となってしまい、それが暴走に拍車を掛けた可能性は否定しなかった。

杉本繁郎にもあらためて手紙で確認した。

〈非合法活動、特にヴァジラヤーナの実践についてはグルのみが命じることが可能なのであり、弟子の暴走は100％あり得ません。それは何故か。弟子はポアができないから、というのが答えです〉（杉本、筆者への手紙）と明快な回答だった。

違法行為をしてきた幹部信者にとっては、〝グルによるポア〟という絶対的大義名分があった。この大原則を逸脱した弟子が一人もいなかった理由は、教義の呪縛が働いていたからだという。

〈その呪縛とは、殺生は地獄に落ちる因となる、です。その呪縛が唯一破られる絶対的教義なるものがグルの命令であり、グルによるポアであるのです〉（杉本）

村井秀夫や井上嘉浩ら側近たちが忠誠心を競い、麻原の気持ちを忖度《そんたく》して先回りしたことは間違いなくあったはずだ。しかし、こと殺人となると、教祖以外に高い世界に転生させるポアができないという教義が弟子たちを支配していた以上、「弟子の暴走論」は的はずれである、と私は考えている。

第7章

捜査迷走

■心臓が3度停止

地下鉄サリン事件から10日後、1995年3月30日の朝、宿直明けだった私は、東京新聞社会部で警視庁クラブの先輩記者から電話を受けた。緊迫した声だった。

「サッチョウ（警察庁）の長官が撃たれた！」

私も「サッチョウの長官が撃たれた！」と社内で叫んでいた。教団に強制捜査が入ってから8日。誰もがオウム真理教の犯行を疑った。

国松孝次警察庁長官の自宅は、東京・南千住の隅田川沿いにあった。「アクロシティ」と呼ばれる新しいマンションで、90年から92年にかけて竣工した。AからGまで中高層の建物が並び、一番高い建物は32階建てのGポート。中には居住者専用のスポーツ施設や商業施設もあり、文字通り「シティ＝街」である。

「下町」を連想させる南千住という地名と高級マンション街は、焦点を結ばなかった。世界を震撼させた無差別テロ事件の捜査を指揮する警察のトップが、事件直後にもかかわらず、厳重な警備ができる官舎になぜ住んでいないのか、という素朴な疑問もわいた。

国松の自宅はEポートにあった。オートロックのマンション群だったので、1軒ずつ訪ねて住民を取材できない。考えたのは電話作戦だ。公衆電話ボックスから電話帳を拝借し、住民に自動車電話を使って片っ端から電話を掛けた。

国松はこの日の午前8時31分ごろ、通用口から秘書官とともに公用車に向かうところを狙われた。犯人は約21メートル離れた地点から拳銃で4発を発射、3発を長官の背部と腹部に命中させた。3発目は長官を守るために覆いかぶさった秘書官をかすめるようにして、国松の下腹部に命中した。私は腕前からプロのスナイパーの犯行ではないか、教団が金を払って「ゴルゴ13」のような人物を雇ったのではないか、と想像した。

使用された銃は米コルト社製38口径、弾は殺傷力の強いホローポイント型マグナム弾と判明した。狙撃場所には朝鮮人民軍のバッジ、少し離れたマンションのピロティには韓国の10ウォン硬貨が落ちていた。犯人は用意してあった自転車で逃走した。

文京区の日本医科大学付属病院に搬送された国松は、手術中に3度も心臓が停止しながら、6時間に及ぶ緊急手術に耐え、奇跡的に危篤状態を脱し、2カ月半後には公務に復帰した。

この時期は、地下鉄サリン事件をはじめとするオウム真理教関連の事件の捜査が集中していた。警視庁の刑事部は手いっぱいという事情があり、警視総監の井上幸彦は、長官狙撃事件の捜査を公安部に命じた。この判断が後の迷走を招くことになる。

警視庁公安部は当時、オウム真理教の武装化に関する動きを事前にほとんど把握できず、存在意義を問われていた。「汚名返上」の意気込みは、オウム以外の犯行の可能性を排除する方向に向かってしまう。

迷走の元凶は、犯行を「自供」したとされる警視庁巡査長（当時）の存在だった。明るみに出たのは、事件から1年半が経った96年10月、匿名の内部告発文書からだった。共同通信社などに送られてきた1通目はこんな内容だった。

〈国松警察庁長官狙撃の犯人は警視庁警察官（オーム信者）。すでに某施設に長期監禁して取り調べた結果、犯行を自供している。しかし、警視庁と警察庁最高幹部の命令により捜査は凍結され、隠蔽されている。警察官は犯罪を捜査し、真実を究明すべきもの〉

すぐに記事化されないことに苛立ったのか、10日後、より多くのメディアに2通目が送られ、内容も詳しくなっている。

〈……警察の最高責任者を狙撃し瀕死の重症を負わせた被疑者が現職の警察官であったとなれば、警察全体に対する轟々たる非難や長官、次長、警務局長、人事課長や警備上の責任とは別に警視総監、副総監、警務部長、人事一課長、人事二課長、本富士署長の引責辞職や管理者責任が問われないではすまされないと思います。（略）警察庁と警視庁の最高幹部が、自己の将来と警察の威信を死守するため真相を隠蔽されようとしても真実は真実です。（略）組織を守るためとして、この事件を迷宮入りさせ法の裁きを受けさせなくするため被疑者の口を封じようとする有資格者の動きは恐ろしくこれを見逃すことは著しく正義に反すると思います。（略）心あるマスコミと警察庁、警視庁、検察庁の幹部の皆様の勇気と正義が最後の拠り所です。匿名をお許しください〉

巡査長が犯行を供述しているのに、裏取り捜査をさせない警視庁上層部に対する反発、怒りが告発の背景にあると思われた。警視庁公安部はメディアの取材にこの件を否定できなくなり、記事は96年10月25日の朝刊の1面で各紙一斉に報じられた。警視庁公安部の「秘密主義」が批判された。巡査長が「拳銃を投げ捨てた」と供述した神田川の捜索も連日続けられたが、拳銃は発見されなかった。

警察庁に報告せずに、極秘捜査の指揮を執っていた警視庁公安部長は更迭された。巡査長は警察の内部情報を教団に流していたとして、96年11月に懲戒免職処分になった。一連の不手際の責任を取る形で、警視総監の井上も12月に辞任した。

この後、教団によるマインドコントロールを解くためと称する巡査長へのカウンセリングの様子を収めた証言ビデオが民放テレビで放映され、混乱に拍車を掛けた。

■怒号

東京新聞は、警視庁担当の記者が「巡査長供述」の全容をつかみ、1997年2月6日の1面と社会面トップで報じた。巡査長は犯行の様子や事件前後の心理状況を詳細に捜査員に語っていた。

記事によると、事件当日、国松孝次長官の自宅マンション近くには、教団幹部の早川紀代秀や林泰男らがおり、巡査長は早川から「オウムが弾圧されている」「君ならできる」と銃撃直前に激励された。

さらには銃撃前に井上嘉浩から白い錠剤を渡される。マンション近くで待機中、無線を通じ、井上から「敵だ。撃て」の声。続いて「逃げろ」と指示を受け、自転車で逃走。そして待っていた乗用車に乗り込むと、平田信が息を弾ませて「すごい救済でしたね」と巡査長に声を掛けてきた、としている。実行犯のダミー役の元幹部が、自転車で逃走したことにも触れている。

また、銃撃のための下見に3回行った際、警察官に職務質問され、自分の警察手帳を出そうとしたこと、新聞配達員に「何をしているのですか」と質され、「警察だ」と追い払ったということも供述していた。銃撃前日には「荒川か江戸川で井上と一本足の看板に試射した」とも供述。銃撃後には、「オウムを救済したというすがすがしい気持ちになった」とも話し、銃は神田川に捨てたと述べていた。

警視総監の判断で、巡査長の捜査はごく一部の幹部しか知らなかった。証言の信憑性《しんぴょうせい》が確かではないという理由だが、巡査長を自宅に帰宅させないなど、軟禁状態で調べを進めていた。裁判になったら供述の任意性が問われるのは確実で、腕利きの弁護士が相手なら容易に無罪判決を取られてしまうような、危うい捜査だった。

公安部主導の捜査本部には、刑事部から応援に来ている捜査員もいた。巡査長を犯人と見立て、井上や早川を現場責任者と位置付ける公安部とは逆に、刑事部の捜査員は証拠を積み重ねれば重ねるほど、教団が真犯人から遠のいていくジレンマを感じていた。

巡査長の供述について、取り調べをした公安部の捜査員は、犯行前の集合地点に「3本のクリスマスツリーのような木があった、という現場を知るものでなければ話せない内容を供述している」と捜査会議で発表した。あたかも「秘密の暴露」につながるような供述を得ている、という自信満々の説明だった。しかし、刑事部の応援組から即座に声が上がった。

「事件当日、この木は剪定《せんてい》されていて枝葉はなく丸坊主です」

どっと笑いが広がった後、会議室には怒号が渦巻いたという。

巡査長を捜査しているチームが、事件後、現場周辺を連れ歩いた疑いが出てきたからだ。巡査長の供述は、後付けで得られた可能性が濃厚になった。

警視庁は巡査長を実行犯とする構図での立件を検察に迫ったが、東京地検はこれをはねつけた。松尾邦弘次席検事は97年6月、「供述の信用性に疑問があり、現段階では銃撃事件の被疑者としての立件は不適当」と表明した。事実上の捜査の打ち切りである。

■実行犯は端本悟！

事件発生から9年4カ月後、次席検事の立件見送り表明からは7年1カ月後の2004年7月、国松長官狙撃事件の南千住署の捜査本部は、立件に向けて再び動いた。元巡査長と教団の元幹部ら3人を、長官狙撃の殺人未遂の容疑で逮捕した。

新たに描いた事件の構図は、元巡査長は実行役ではなく「支援役」。現場で自分のコートを実行役に渡し、実行役はそれを着て長官を狙撃したという。コートからは銃を発射した時に残る化学物質が最新の技術で検出されたという説明だった。この時、実行犯として名指しされたのは、坂本弁護士一家殺害事件ですでに死刑判決を受け、上告中の端本悟だった。

当時、社会部の遊軍記者だった私は、実行犯として端本の名前が挙がっているという一報を聞いて「あり得ない！」と仰天した。捜査の方向性は間違っていると確信した。

坂本弁護士一家殺害事件で起訴され、一審で死刑判決を受けている端本が、いまさら殺人未遂事件を隠す必然性はない。本当に関与していたなら、むしろ積極的に供述した方が自分の裁判では情状面でプラスになるからだ。

「オウムの犯行じゃありませんよ。10万円賭けてもいいですよ」と私は先輩デスクに言った。検察が逮捕を許したことが意外だった。起訴できないことを承知で公安部のメンツを立てたのだとしたら、検察の責任放棄だと思った。

当然、端本は「現場に行ったことはない。絶対に関与していない」と全面否認した。覆す証拠などあるはずがない。それどころか、元巡査長は勾留期間中に「自分が撃った」と供述を翻し、新しい事件の構図はもろくも崩れた。東京地検は勾留期限の満期を機に、元巡査長らを処分保留のまま釈放した。

しかし、警視庁公安部は懲りない組織だった。当時、殺人未遂罪の時効は15年。10年3月30日午前零時に公訴時効が成立した。公安部は被疑者不詳のまま、関係書類や証拠を東京地検に送致した。「時効送致」と呼ばれる通常の手続きである。この際に、公安部は検察の反対も押し切り、驚きの動きに出た。焼き直した事件の構図をホームページで公表したのだ。

警視庁のウェブサイトに掲載された「警察庁長官狙撃事件の捜査結果概要」なる文書では、〈本事件は、教祖たる松本の意思の下、教団信者のグループにより敢行された計画的、組織的なテロであったと認めた〉と断言。登場するのは麻原を含め9人。麻原以外はアルファベットの仮名だが、個人はほぼ推定できた。

さらに、警視庁の青木五郎公安部長はその日の記者会見で、「オウム真理教による組織的なテロだと断定した」と宣言した。立件を断念したにもかかわらず、捜査機関が個人や団体を名指しして捜査結果を公表することは極めて異例だった。青木は「実行犯や共犯者を特定できる証拠はなかった」としつつ「(犯人は)オウム以外にいるとは考えていない」「教団の犯罪を二度と繰り返させないため、公表には公益性がある」と説明したが、私には、教団による組織的犯行であると印象付け、公安部の捜査の失敗を糊塗《こと》するための発言としか思えなかった。

オウム真理教から名前を変えた後継団体「アレフ」はこれを名誉毀損だとして東京都を訴え、損害賠償を求める民事訴訟を起こした。東京地裁は13年1月、「立証困難で不起訴になった事件にもかかわらず、犯人を断定して公表することは無罪推定の原則に反し、刑事司法の原則を根底から揺るがす」と厳しく断罪し、賠償金１００万円を「アレフ」に支払うことと、都知事名での謝罪文を出すことを東京都に命じた。二審では謝罪文交付は取り消されたが、１００万円の支払いは最高裁で確定した。

警視庁公安部の完敗だった。当然だろう。証拠を積み上げて容疑者に迫る刑事警察の捜査は、オウム以外の犯人像を指し示していた。どこかで捜査方針の転換をすべきだったのに、最後の最後までオウムに固執し、迷走を重ねた。警視総監も、そして警察庁幹部も公安部の発表方針を容認していたはずだ。警察という官僚組織の病根は深い、と私は思った。

■これが公安部のやり方だ

警視庁公安部に、「現場指揮官」と位置付けられた早川紀代秀は憤りを隠さなかった。東京拘置所で面会した私に、「死刑判決を受けている者がいまさら隠すことがありますか」と関与を否定した。２００６年4月の手紙でも、〈長官狙撃事件については私の知る限りでは、一切教団が関わったという事実はありません〉と強く否定している。教団が起こした重大事件で、元巡査長のような在家信者や、末端信者がかかわったケースはまれだ。捜査にはそうした視点も欠けていた。

私が長官狙撃事件の捜査のおかしさを確信したのは、捜査本部に在籍した捜査員に後年、実情を詳しく聞く機会を得たからだ。当時の状況をつぶさに聞くと、およそ捜査の名に値しない手法が続けられていたことに愕然とした。

まず初動捜査ができていなかった。南千住駅に向かうレインコートを着て自転車に乗った男がいたという情報が、事件発生の翌日、捜査本部に寄せられた。公安部の幹部はこの情報に飛び付き、この男を教団の「防衛庁長官」に似た男、として捜査を開始した。

自転車の進行方向は、事件直後に目撃証言のあった逃亡ルートとは反対だった。しかし、捜査本部は「防衛庁長官」似の男の目撃証言のあった方面を犯人の逃亡ルートだと決め付けた。刑事部の捜査員が情報提供者に確認し直すと、「防衛庁長官」とは「全然似ていない」と答えたという。思い込みが先行した結果、実行犯が自転車で逃げた方向の聞き込み捜査が後手に回った。公安部の幹部は、刑事部から応援に来ている捜査員の不満が日に日に募っていくのを察知したのか、捜査会議で次のような訓示をしたという。

「刑事の方々にはいろいろあるかもしれないが、これが公安部のやり方だ。それを肝に銘じてほしい」

哲学用語に「帰納法」と「演繹法《えんえき》」という思考法がある。犯罪捜査に置き換えると、刑事事件の捜査は証拠を集め、積み重ねていくことで容疑者を絞り込んでゆく「帰納法」的な手法が求められる。最初に結論があって、そこから推定してゆく「演繹法」的な公安捜査の手法は、刑事事件の捜査では冤罪《えんざい》を生み出す可能性がある。

公安部の扱うテロやゲリラ事件の場合、起こした過激派は必ず犯行声明を出す。その組織の犯行であることはほぼ間違いない。たとえ容疑者を取り違えて無罪判決が出ても、過激派内での人違いであれば、大きな痛痒《つうよう》は感じないかもしれない。犯人を取り違えることを捜査の致命的なミスと捉える刑事部の考え方とは、発想が根本から違った。刑事事件である長官狙撃事件の捜査に、公安的手法を適用したことが間違いだった。

教団の「諜報省」が関与している可能性を疑い、井上嘉浩の周辺を洗い始めた捜査員がいた。狙撃事件当日の朝、井上は埼玉・川越市のカプセルホテルにいたというアリバイがはっきりした。入退室の時間から考えると、川越から南千住の現場に来ることは不可能だった。井上らのアリバイを証言する供述調書と捜査報告書が作成された。

しかし、実行犯と疑われた元巡査長の供述に基づき、井上が「現場指揮官」の一人だったという捜査本部の筋立てが固まってくると、刑事が足を使って裏取りをした当日のアリバイは逆に邪魔な存在になった。アリバイを認める調書と報告書は捜査本部の幹部預かりとなり、なかったことにされたのだ。

川越市のカプセルホテルにいたのは井上、端本悟、林泰男ら5、6人。テレビを見ながら、林は「すごいことが起きた。オウムがやったのかな」と話していたという。

「オウムの犯行と思ってやってきたけど、捜査すればするほどオウムが消えていくじゃないか。一つの方向があっても、こうだったらこうかもという複眼思考が必要だ。方向を変えないとえらいことになるよ」

そう語っていた刑事の憂慮は、的中してしまった。

■浮上したスナイパー

長官狙撃事件の真犯人として、ある時期から教団とはまったく無関係の男が浮上していた。強盗殺人未遂罪などで岐阜刑務所に服役中の中村泰。事件当時64歳。1930年生まれ、幼少期を中国・大連で過ごし、戦後、東京大学理科二類に進学したものの左翼運動に傾斜。中退後の56年に東京・武蔵野市の路上で職務質問した警察官を拳銃で射殺し、無期懲役の刑が確定、約20年の服役後、76年に仮釈放された。

２００１年10月、中村は大阪市の三井住友銀行都島支店で現金５００万円入りのケースを強奪し、02年11月には名古屋市のＵＦＪ銀行押切支店の駐車場で現金輸送車を襲撃した。警備員に発砲し５０００万円を奪って逃走したが、取り押さえられて現行犯逮捕された。

警視庁、愛知県警、大阪府警が03年７月に合同で、三重・名張市の中村のアジトに捜索に入った。捜査員が仰天したのは、長官狙撃事件に関する新聞記事や雑誌の切り抜きがたくさん出てきたからだ。自身が犯行に及んだことを打ち明けた「詩」もフロッピーディスクに保存していた。中村が使っていた新宿区内の貸金庫からは、コルト社の回転式拳銃など11丁、実弾１０００発が発見された。

警視庁捜査一課が極秘に捜査を始めた。中村は共犯者や協力者に関しては固く口をつぐんだが、08年には長官狙撃事件の犯行を大筋で認める供述調書の作成にも応じた。米カリフォルニア州に捜査員を派遣し、中村が80年代後半、銃砲店で偽名を使ってコルト社のパイソン型拳銃とホローポイント弾を購入していたことも確認した。

中村の取り調べや裏付け捜査を指揮したのは、後に警視庁捜査一課ナンバー２の理事官も経験する原雄一だ。原は中村に対する捜査の全容を、18年に刊行した自著『宿命　警察庁長官狙撃事件　捜査第一課元刑事の23年』（講談社）で明らかにしている。未解決事件を指揮した捜査官が詳細な記録を公にするのは珍しい。原が中村を取り調べた日数は通算２１５日。容疑者としての供述調書と原のチームが作成した供述書は、あわせて50通近くになり、裏付け書類は１０００通を超えたという。

捜査記録には中村の容疑性を示す証拠もあった。狙撃に使った8インチ銃身のコルト社製357マグナム口径のパイソン型拳銃の米国での購入先、販売担当者を具体的に供述し、その裏付けも取れた。長官の公用車が事件直前に変わったことも事実通り供述。都内の貸金庫に拳銃を格納したと話し、その貸金庫には事件から1時間後の開扉記録が残っていた。

海外渡航歴から中村の時効は半年ほど長くなっていた。時効1カ月前に弁護士が東京地検特捜部に告発し、特捜部が捜査に動いたが、時間切れだった。特捜検事は原に〈「特捜部の見解では、中村は狙撃を実行した犯人です。取り調べをして、犯人ではなかったら、あれだけ詳細に、それも具体的に犯行状況は話せない」〉と語ったという（原、前掲書）。

一方で、中村実行犯説には目撃情報との食い違いがあった。狙撃前にすれ違っている複数の目撃者証言では、実行犯は年齢30から40歳、身長は170から180センチだった。中村は事件当時64歳。身長は160センチちょっと。犯行に使った銃は、犯行後に伊豆大島行きのフェリーから海に捨てたと供述しており、発見されていない。立件の決め手に欠けていたのも事実だ。

〈「なぜ、狙撃事件の犯人が捕まらないか分かるかね」〉

中村の捜査を進めるよう指示した警視総監の米村敏朗から、原は聞かれたことがあるという。米村は〈「公安部が捜査しているからだよ」〉と言ったそうだ。

原は真意を測りかねた。公安部長も経験した警視庁のトップとして、長官狙撃事件がオウム真理教の犯行であることにこだわり続けたのは、米村自身だったのだから（原、前掲書）。

長官狙撃事件については、今もオウム真理教の犯行であるという印象を持っている人が多いのではないか。だとするなら、公安警察の「印象操作」は功を奏したのだろう。本来は、トップが撃たれた前代未聞の事件が未解決のまま終わった時点で、警視庁公安部という身内の調査ではなく、警察庁が主導して第三者による検証に乗り出すべきだった。

それをしなかったのは、傷がつくキャリアの警察官僚が多く出てくるからではないか。いや、だからこそオウム真理教の組織的犯行にこだわり続けたのだ、と私は考える。

大きな犠牲から何かを学び取ろうという謙虚さが欠落しているのは、日本の官僚主義のDNAである。敗戦直後、軍や行政機関が機密資料を徹底的に燃やしたことに通じる無責任さを感じる。

■遺族が遺族に謝る不条理

オウム事件の犠牲者の遺族や被害者は、警察組織に対して憤りを感じている。オウム事件が可視化させたのは公安警察の問題点だけではない。坂本弁護士一家殺害事件の初動捜査のミス、松本市でサリンをまかれながら実行した組織を特定できず、東京の地下鉄でもサリンをまくことを許してしまった捜査の問題点にも厳しい目が向けられることになった。

地下鉄霞ケ関駅助役だった夫の一正を亡くした高橋シズヱは、麻原の一審判決後の記者会見（2004年2月27日）でこう語っている。

「警察はオウム真理教を甘く見ていたために、こんな被害を出してしまった。加害者と同じぐらい責任がある」

高橋は、坂本堤弁護士の妻・都子の父である大山友之から「私たちがもっと警察を動かし解決されていれば、地下鉄サリン事件は起きなかった。食い止めることができなくて申し訳ない」と謝罪されたことを明かした。遺族が遺族に謝らなければならなかったことは、オウム事件を検証する中で忘れてはならないことだ。

教団から猛毒のVXで攻撃された「オウム真理教家族の会」の会長・永岡弘行は、18年7月26日に広瀬健一ら残り6人の死刑が執行された際、東京新聞の取材に〈「この教団は危ない、放っておいてはいけない、とさんざん警察にも行政にも言ったのに、聞く耳を持ってくれなかった」〉〈『だから言ったじゃないですか!』の一言に尽きる」〉と声を震わせた。

長男が1987年に入信し、2年後に出家した。永岡は長男を脱会させるため奔走し、89年に同じ境遇の親たちと「オウム真理教被害者の会」(後に「家族の会」に改称)を結成した。長男は脱会できたが、ともに活動をしていた会員の息子が死刑になった。

坂本弁護士一家殺害事件の捜査は、多くの課題を残した。神奈川県警は坂本宅に落ちていた教団のバッジや血痕などを軽視、自発的に失踪したとの見方を捨てず、初動捜査を誤った。宗教法人に警察が介入することへのためらいが、捜査にブレーキを掛けた面はあったかもしれないが、坂本弁護士一家の捜査が迷走した結果、松本、地下鉄両サリン事件につながった現実は直視すべきだ。

サリンが日本で初めて松本市の住宅街で使用された後、首都の地下鉄で再びまかれてしまったのは、治安に責任を持つ政府の大失態だった。松本サリン事件で安全保障上の脅威が顕在化したにもかかわらず、政治がテロ対策のリーダーシップを取らなかった不作為も重大な問題だったと指摘したい。日本政府には、刑事裁判の進行と並行して検証作業を実施し、世界に発信する国際的な責任があったはずだ。私たちメディアの人間も、こうした視点で取材をするという意識が乏しかった。

麻原らの死刑が確定した後、政府が権限を与えた公的な第三者機関が裁判資料などの提供を受け、「生き証人」として確定死刑囚からの聴取も実施した上で報告書を作成し、国民の議論を促すべきだった。

一連の事件の刑事裁判記録は「刑事参考記録」に指定され、原則永久に保存されることになった。後世のために膨大な手記を残した死刑囚もいる。無期懲役囚や、すでに刑期を終えた元幹部もいる。遅きに失した感はあるが、国が主導して検証作業に取り組んでほしい。

警視庁と神奈川県警、長野県警の間で十分な情報交換が図られていれば、どこかで事件の拡大は防げた。地下鉄サリン事件の翌年には警察法が改正され、広域で行われる組織的な犯罪に対しては、警視庁と各警察本部が、従来の都道府県の壁を越えて捜査できるようになった。また、警察庁長官が、複数の県警にまたがる広域事件の合同捜査を指示できるようにもなった。ここまでの代償を払わなくてはならないほど難しい改正だったのか、疑問は残る。

■真相究明　議会が積極的な米国

地下鉄サリン事件から6年後、米中枢同時テロが発生した。遺族の強い要望によって、米議会に独立調査委員会が設置された。民間人10人が中心になった独立調査委員会は、1年8カ月にわたって米中枢同時テロについて検証し、発生から3年後に585ページに及ぶ報告書を提出した。その中で「政府は、テロから国民を守ることに失敗した」と厳しく批判しているのが注目に値する。

報告書は、中央情報局（CIA）などがアルカイダのテロを防ぐ機会を10回も見逃した、と情報機関の連携の悪さにも踏み込んだ。社会を揺るがす大事件が起きた時、米国は議会が真相解明に積極的なのである。司法任せの日本とは際立った違いだ。

政府や議会に加えて、米国では民間の機関も真相究明に向けて独自に動く。テロ対策を大統領に具申するシンクタンク「新アメリカ安全保障センター」（CNAS）は、オウムの化学兵器と生物兵器の開発について、教団元幹部を直接拘置所に訪ねるなど、解明へと動いた。将来、テロリストが生物・化学兵器の使用を追求する可能性があるという考えからだ。

CNASの取締役会長は、海軍長官を務めたリチャード・ダンジッグ。報告書「オウム真理教：洞察―テロリスト達はいかにして生物・化学兵器を開発したか」（原題：Aum Shinrikyo Insights Into How Terrorists Develop Biological and Chemical Weapons）をホームページで公開している。報告書の分厚い日本語訳を読み進めると、テロ組織としてのオウム真理教に対する関心の高さと、テロを未然に防ぐために必要なことは何でも学んでいこうという米国の危機管理意識が読み取れる。

ＣＮＡＳのメンバーは、教団がサリンの生成方法をロシアから学んだのではないか、と疑っていたようだが、独自に開発したことを確認した。ダンジッグらは、日本政府の許可を得て、東京拘置所でサリン生成にかかわった土谷正実に11回、中川智正に9回インタビューを重ねた。書簡のやり取りは中川が22回、土谷が5回、広瀬健一が4回に上る。

特にＣＮＡＳの調査は、オウム真理教が真っ先に開発に乗り出しながら実現できなかった、ボツリヌス菌や炭疽菌などを使った生物兵器の分析に力点を置いていることが目を引く。生物兵器開発の責任者だった遠藤誠一は協力を拒んだが、中川らに詳しく背景を質し、以下のように結論付けている。

〈オウムは化学兵器開発の一連の方法を見出すのに成功したが、効果的な生物兵器の開発には成功しなかった。この事実は、多数の人々を殺傷する手段として、生物兵器の製造能力よりも化学兵器の製造能力の方が、手に入れやすいということを示唆している。（略）教団のサリン製造方法にロシアが寄与したという証拠はみられなかった。教団の化学プログラムの大半は、独自に開発され、しかも効果的であった。オウムの活動は、テロリストグループが寛容な環境下で活動できる場合には、化学剤をいかに容易に製造できるかを示している。（略）小規模の製造であれば、過去10年間に開発された強力かつ低価格のマイクロ化学生産設備を利用することによって、十分に隠蔽や構築が可能である〉（ＣＮＡＳの報告書、前掲）

中川はダンジッグに「あと数年でオウムはサリンの大量生産を達成していたであろう」と語ったという。地下鉄で使用されたサリンは、急遽つくるように麻原が指示したために純度が低かった。通常は無色のはずなのに茶色く色が付いていた。穴が開けられなかった袋のサリンの純度を調べると35％で、70％だった松本でのサリンに比べ、効力は半減していた。純度100％だったら、密室の地下鉄内での被害は確実にケタが一つは違っていただろう。

■誤報　報道被害

オウム事件をめぐっては、批判の対象となるのは警察組織だけではない。メディアも、宗教団体の暴走を察知する取材力や問題意識を持っていなかった。

坂本弁護士一家殺害事件で東京新聞は重大な誤報をした。公開捜査直後の1989年11月18日の朝刊社会面トップに、次のような見出しの記事が掲載された。

〈活動家の内ゲバか　不明弁護士　学生時代から接触　各地で査問、ら致　遺留バッジ、故意におく？〉

新興宗教団体の入信勧誘に伴う被害者救済活動によって、坂本弁護士一家が巻き込まれたという見方を示す一方、弁護士が学生時代から体制変革運動と交流があり、その内部抗争に巻き込まれた可能性があるとして、活動家の捜査に重点を移すという捜査本部の動きを伝えた。

また、現場に落ちていた〈バッジは全くの新品で裏面のピンがはずれていないことなどから捜査本部はもみ合いの末に落ちたものではなく、何者かが〝置いた〟可能性が高い、との見方をしている〉という記述もあった。後に判明する事実とは180度違う情報が、神奈川県警幹部からもたらされ、坂本が所属していた横浜法律事務所に裏取り取材もせずに紙面化された。横浜法律事務所からの抗議を受け、6日後の朝刊に訂正記事を出した。

率直に反省しなければならないと思う。一方で、この記事によって図らずも明らかになったのは、当時の神奈川県警が抱いていた先入観である。坂本弁護士が所属する横浜法律事務所は、共産党幹部宅の盗聴事件や労働問題などを通じて、神奈川県警と対立的な関係だったとされる。捜査の鈍さがそこに起因していたとするなら言語道断だ。

TBSのワイドショー『3時にあいましょう』の取材班は89年10月、教団の執拗な要求により、坂本弁護士にインタビューした映像を教団側に見せた。番組の総合プロデューサーらの判断だった。TBSは、予定番組の放送を中止した。

ビデオを見せたことを否定してきたTBSは96年3月25日、一転して見せたことを認め謝罪した。インタビュー映像を敵対する相手に見せるというのは、取材源の秘匿という原則を大きく踏み外しており弁解の余地がない。

TBSのニュース報道番組『筑紫哲也　NEWS23』のキャスターを務めていた筑紫哲也は、当日の「多事争論」というコーナーで「TBSは今日、死んだに等しいと思います」と語った。あの場面は今も私の脳裏に刻まれている。

松本サリン事件の第一通報者・河野義行に対する冤罪報道も忘れてはいけない出来事だ。長野県警の情報を鵜呑《うの》みにして、多くのメディアが河野を容疑者扱いする報道を続けた。

河野が救急隊員に「除草剤をつくろうとしたが調合に失敗して煙を出した」と話したとする警察情報に基づく虚偽情報を報じるなど、地下鉄サリン事件が起きるまで河野が真犯人であるかのように印象付ける報道を続けた。警察とメディアが一体となった冤罪報道だった。メディアは謝罪する時も横並びだった。

91年から92年にかけて、一時的に武装化路線から離れた教団はメディアに接近した。呼応するように、民放各局は麻原をバラエティー番組に競うように出演させた。テレビが教団に対する人々の警戒心のハードルを下げ、間接的に教団を増長させた面は否定できない。

「青春人生相談」と題し、スタジオに集まった若者の人生相談の回答者を麻原にやらせていた番組まであった。一部の文化人やタレント、宗教学者は麻原と雑誌などで対談し、オウム真理教に好意的な発言をしていた。彼らも麻原の虚像を粉飾することに手を貸した、と言われても仕方がない。

民放各局はビデオ問題でTBSをここぞとばかりに袋だたきにしたが、その資格があったのか、胸に手を当てて考えてほしいと思った。

ビートたけしとの対談番組を教団は布教に活用した。「私に代わってオウム真理教の教祖をやってもらっても……」という、麻原のたけしへの発言もPRビデオには収められている。麻原を高く評価し、教団の信者獲得に一役買った文化人やタレント、宗教学者は少なくなかったが、事件後、真摯な反省を表明した例を、一部の学者を除いて、私はほとんど知らない。

終章

終わらないオウム事件

■犯罪被害者に当てられた光

13人の処刑で事件は終わったわけではない。

サリンの被害者の中には、重い後遺症で寝たきりの人や疲労感・動悸が消えない人、PTSD(心的外傷後ストレス障害)に苦しむ人など、健康被害が残る人が大勢いる。苦しんでいるのに、周囲から「気のせいだ」と言われ、二重の苦しみを味わう人もいる。

オウム真理教事件では、死刑になった弟子たちもまた被害者の側面がある、ということは冒頭に記した。教祖の道連れのように処刑された12人の家族は、加害者の親として、きょうだいとして、または妻として、これまで筆舌に尽くしがたい心労を味わった。死刑が執行されたことで、遺族としての悲しみも抱えて生きていかなくてはならない。年老いた親にとっては引き裂かれるような苦しみだと思う。

教祖の子どもたちも含めて、大きな苦しみと悲しみを残したこの事件の一つの光明は、犯罪被害者の救済が進んだことだ。泣き寝入りすることが多かった被害者支援の道が開かれた意義は大きい。

この間、「地下鉄サリン事件被害者の会」代表世話人として先頭に立ってきたのは、地下鉄霞ケ関駅の助役だった夫の一正を亡くした高橋シズヱだ。事件に関与した死刑囚との面会や執行への立ち会いを求めて、2012年から法務大臣に要望を出し続けてきた。

18年7月6日朝、申し入れをしていたことの一つが実現した。法務省の担当者から死刑執行をしたという電話連絡が入ったのだ。麻原の死刑執行は「当然」と受け止める一方、他の6人の執行を聞いた時には動悸がしたという。

「彼らにはテロ防止のためにも、もっといろいろなことを話してほしかった。それができなくなってしまったという心残りがある」と高橋は記者会見で語った。

地下鉄サリン事件の遺族として、被害者支援について語り続けてきた彼女は、「風化」という言葉には敏感だ。13人全員の執行直後の8月1日、私は高橋にインタビューした。「風化」についてあらためて聞くと、彼女はこう語った。

〈遺族には風化なんてないのです。事件が風化していく責任を、どうして遺族が取らされなくてはならないのですか？（略）被害者に向かって「風化」と言わないでほしい。風化の心配より、これから何を教訓にしていくのかを記者の皆さんには考えてほしい〉（東京新聞、18年8月4日朝刊）

1995年当時、遺族には裁判の傍聴席すら用意されず、傍聴券の抽選の列に並んだ。遺影の持ち込みも裁判所に拒否された。すべてはそこから始まったのだ。

教団の破産手続きでは、地下鉄サリン事件の遺族や被害者の手記集を手に、国会議員の事務所を回り、被害者が受け取るべき債権を国や自治体より優先させる法律の成立に尽力した。国がオウム事件の被害者に給付金を支払う救済法も粘り強く勝ち取った。

米国に目を向けると、01年9月11日に起きた米中枢同時テロの遺族には、一家族で平均1億9000万円が支払われている。サリン事件では、労災補償や犯罪被害者給付金などを除けば、国からの金銭的な補償はなかった。地下鉄サリン事件は霞が関に本部がある警視庁などの省庁を狙った犯行だった。被害者は国の身代わりになって、無差別テロの被害に遭ったとも言えるのに。

高橋は他の事件の被害者、遺族とも連帯しながら、刑事裁判への被害者参加、犯罪被害者基本法の制定など、泣き寝入りだった被害者の権利を少しずつ広げていった。

〈犯罪被害者はいつも脇に追いやられていました。亡くなった主人が東大医学部法医学教室で司法解剖される時、待機していた私たちに連絡もなく遺体は葬儀会社に引き渡されてしまいました。（引用者注・その後、高橋たちの声を受けて）東大医学部は遺族に配慮してパンフレットを作成し、待合室をつくるなど対応を改善しました。

私たちは一つ一つ壁に穴をあけていったのです〉（同）

麻原以下の死刑が執行されたことで、真相解明はできなくなった、という声が出ていることには異論があるという。

〈オウムの公判は四百五十九回傍聴しました。被害者参加制度で出廷した数も入れると、五百回ぐらい法廷での証言を聞いていています。麻原は弟子のせいにして語りませんでしたが、ほとんどの弟子はちゃんとしゃべっているんですよ。なぜ事件が起きたかという構造は、刑事裁判でほぼ明らかになったと思います。

「真実が語られないままだった」とか「どうして事件が起きたのか分からなくなってしまう」と言う人には、あなたはそのために何か努力されてきたんですか、と言いたいです〉（同）

高橋より多くオウム裁判を傍聴した人は、朝日新聞で「オウム法廷」の連載を続けた降幡賢一、一人だけだ。おそらく高橋が法廷で過ごした時間は1000時間を超えるのではないか。それだけ多くの被告や証人の肉声を聞いてきた遺族の言葉は重い。

毒性学の世界的権威である米コロラド州立大学のアンソニー・トゥー名誉教授は、東京拘置所で元幹部の中川智正に何度も会ってサリン生成方法などを聞いた。日本政府が特別な許可を出したからだ。先述の米国テロ対策シンクタンク、CNASの関係者も同様だ。

〈日本の化学者は「米国の学者だけ会わせるのか」となぜ怒らなかったのでしょうか。日本の専門家が死刑囚から話を聞いた結果を、テロ防止情報として他国に提供するぐらいやってもよかったはずです〉(同)

■PTG

高橋シズヱが犯罪被害者支援のために奔走した原点は、地下鉄サリン事件当日夜、疲れ果てて自宅に戻った時のメディアの取材攻勢だった。

遺族としての事情聴取を終え、夜になって警察署からマンションに戻った時のことだ。高橋が乗ったエレベーターのドアが開くと、自宅のあるフロアのホールに陣取ったカメラのライトが一斉に向けられた。

すぐにドアを閉めエレベーターを下降させて外に出た。深夜になって、報道陣がいなくなったのを確認してやっと帰宅できた。その後も、連日のように夜中まで記者やカメラマンがいて、普通に生活することができなかった。

メディアは生活を邪魔する存在でしかなかった。しかし、犯罪被害者の置かれた立場について声を上げると、取り上げたのもメディアだった。被害者報道を考える勉強会「犯罪被害者の話を聴く勉強会」をメディアの有志と続けてきた。中心となったのは高橋と、朝日新聞記者の河原理子。私も２００２年ごろから参加してきた。

勉強会での議論などをまとめ、岩波書店から刊行した『〈犯罪被害者〉が報道を変える』（05年）は10刷りまで版を重ね、日本民間放送連盟とＮＨＫの新人研修の教材に使われてきた。

地下鉄サリン事件から5年後の00年冬、高橋は米国各地の犯罪被害者の遺族の会や支援組織を訪ねた。事件後すぐに被害者のもとに駆けつける支援活動に強い印象を受けた。事件後、被害者の家族に手渡される文書には、「取材を受けない権利」が明記されていて驚いたという。〈米国で出会った遺族は自身の心境を丸めて固めた紙に例えて説明しました。周囲の支えによって丸まった紙を元に広げていくことはできるんです。でもしわは残り続ける、と。被害者の心の傷はいつまでも残っているのです〉（東京新聞、18年8月4日朝刊）

麻原の一審に出廷した時は「憎しみや怒りを一生持ち続けて生きるのは、とてもエネルギーのいることで、オウムに殺されるのと同じことだ」と証言していた。夫が亡くなってから二十数年経った今はどうなのだろうか。私の問いに次のように語った。

〈憎しみや怒りは半分ぐらいに減ったかもしれません。それは事件を通じて出会った多くの人たちから学び、新しい人生が始まっていると感じているからかもしれません。PTG（ポスト・トラウマティック・グロース、引用者注・心的外傷後の成長）という心理学の新しい考え方に共感しています。二十三年という年月を経て、被害者として客観視できるようになりました〉（同）

高橋は、米中枢同時テロの遺族との交流もしてきた。世界貿易センター跡地の地下につくられたニューヨークのメモリアル施設では、映像などの資料展示に圧倒された。将来は、地下鉄サリン事件も刑事裁判の記録やいろいろな資料をいつでも、誰でも閲覧できる資料館のようなものがつくれないか、と考えているという。

私は、高橋との勉強会を通じて、多くの犯罪被害者の声に耳を傾ける機会を得た。新聞記者として加害者にばかり関心を寄せていたことを痛感した。

記者は人の不幸を前提に仕事をしている。それは、記者という職業の持つ「業」のようなものだ。取材経験を積めば積むほどタフになるが、人の死には鈍感になる。

正直に言えば、殺された被害者や遺族への関心より先に、「加害者はなぜ、こんな事件を起こしてしまったのだろうか」という心の軌跡の謎解きに気持ちが向いてしまう。多くの犯罪被害者との交流を通じて、取材する側の傲慢さに気付かせてもらったことは私にとって大きな財産になった。

■村上春樹の問い

オウム裁判の取材中、作家の村上春樹を東京地裁の法廷で何度か見掛けた。

村上はオウム事件に関連したノンフィクションを2作発表している。地下鉄サリン事件の被害者らに取材した『アンダーグラウンド』（講談社、1997年）と、信者、元信者へのインタビューで構成する『約束された場所で――underground2』（文藝春秋、98年）だ。

ノーベル文学賞の候補に挙がる作家がなぜ、現実の事件にこだわったのか不思議だった。その答えを『アンダーグラウンド』のあとがきにあたる「目じるしのない悪夢」という文章の中で、村上は〈「オウム真理教」と「地下鉄サリン事件」が私たちの社会に与えた大きな衝撃は、いまだに有効に分析されてはいないし、その意味と教訓はいまだにかたちを与えられていないのではないだろうか〉と書いている。

狂気の集団が引き起こした例外的で、無意味な犯罪として、事件が終わらされることへの危惧の念があったという。事件から2年後に表明された作家の問いは、20年以上経った今も有効だと思う。

教団が武装化に至った経緯など、公判での弟子たちの証言を通じて多くの「闇」に光が当てられた。高橋シズヱが指摘するように、弟子たちの法廷も含めれば真相の多くは明らかになっていると私も感じている。問題は、解明された事実を社会として共有できる状況には必ずしもなっていないという現実だ。

2011年11月の上告審判決の際、中川智正は弁護士を通じて以下のようなコメントを出している。

〈オウム真理教関連の裁判全体に関しては、残念に思っていることがあります。それは、どうしてあのような事件が起こったのか、必ずしも明らかになっていないと思われることです。事件の動機や背景が、少なくとも事件を知らない世代の方が分かるような形では記録として残されていないと思います。（略）麻原氏が何も話さないままに裁判を終えてしまったことも残念です。個人的な感情を別にしましても、同種事件の再発を防ぐため、彼には話して欲しかったです。私たちが起こしたような事件が2度とないように心から願っています〉

死刑執行の後、井上嘉浩や広瀬健一の手記が相次いで書籍化されるなど、記憶を引き継ぐ点で、歓迎すべき動きも出ている。事件を知らない世代に伝わるような形で、記録を残す仕組みをどうつくるのか。オウム事件にかかわったすべての人が知恵を絞らなくてはならない課題である。

私は、事件について分かりやすく解説する小冊子を国の責任で作成し、高校の卒業時や大学のオリエンテーションで配布し、人の心を破壊するカルト組織への注意喚起を呼び掛けることを提案したい。また、事件から教訓を得るためには、刑事裁判の記録をもっと自由に閲覧できる仕組みを整えなくてはならないと思う。

■死刑について

死刑制度について少し考えを述べてみたい。

今回執行された13人のうち、10人が再審請求中だった。このうち初めての再審請求者が6人もいた。井上嘉浩は裁判所と検察、弁護人の間の進行協議が始まり、検察側からの証拠開示も決まっていた。再審請求中は執行されないという慣例を破る、異例ずくめの死刑執行だった。ほぼ死刑が確定した順番で執行していくという原則も破られた。天皇の代替わり前に平成最大の事件に「区切り」をつけたいという国家の意思だ、と私は考える。

あなたは死刑制度に賛成ですか、反対ですか、と面と向かって問われたら考え込んでしまう。過去に取材してきた多くの事件の被害者や遺族の顔が思い浮かぶ。拘置所で会い、手紙をやり取りした何人もの死刑囚の顔も浮かぶ。悩む。悩みながらも感情を抑えて、私は死刑制度への「否」を選ぶ。

教団は事件化されただけでも29人もの命を奪った。遺族が死刑を望む気持ちはもっともだと思う。ただ、死刑は国家が合法的に命を奪う究極の刑罰である。命を奪うという点だけを見れば、殺人も死刑も変わらない。

死刑廃止は今、国際的な潮流になっている。欧州を中心に死刑制度の廃止が続き、1991年には国連の死刑廃止条約が発効した。国際人権団体アムネスティ・インターナショナルの調べでは、2017年末時点で死刑廃止、あるいは長期間執行を停止している国は、世界142

カ国に達する。18年に行われたサッカー・ワールドカップロシア大会のベスト16の国を見ると、日本以外の15カ国が死刑を廃止、もしくは事実上廃止にしている。

日本では国民の多数が死刑制度支持、という世論調査の結果がある。しかし、死刑存置派も廃止派も関係なく意見が一致するのは、「ブラックボックス」であり続けている死刑の実態を国民に知らせていくこと、死刑の可視化ではないか。

民主党政権時代の10年8月、法務省は死刑を執行する東京拘置所の刑場を報道機関に公開した。政権交代後に初めて死刑が執行された同年7月、千葉景子法相（当時）は自ら執行に立ち会ったことを明らかにした上で、「国民的な議論に資する」として8月中の公開を指示した。写真と映像を含めた公開は初めてだった。

刑場への立ち入りは、法務省の記者クラブに加盟するマスコミ各社に約30分間許可された。写真と映像は代表撮影で、撮影位置などは制限された。

東京新聞社会部の飯田孝幸記者は、ルポの中で以下のように書いた。

〈「厳粛」「残虐」「無機質」。どのような言葉で表現すればいいのか考えながら、死刑を執行する部屋に足を踏み入れた。想像とは全く異なり、木目調の壁面とベージュのじゅうたんが温かな印象を抱かせるほどだった。

死刑囚の首に掛ける絞縄《こうじょう》は外されていたものの、絞縄を固定する金属製のリングと天井に設置された滑車が異様な存在感を示している。直下にある踏み板の周囲は赤いテープが張られ、ここが死刑の現場であることを、あらためて認識させられた〉（東京新聞、10年8月27日夕刊）

死刑囚が拘置所幹部に遺言がないか聞かれ、読経などを受ける教誨《きょうかい》室、拘置所長から死刑執行の告知を受ける前室、死刑囚が目隠しをされてから入る執行室などが公開された。赤い線で囲まれた踏み板は執行室の中央にあった。実際の執行の時は、この踏み板が外れ、首に巻かれた絞縄によって身体が吊される。衛撃で首が引きちぎられることもあるという。医務官によって心臓停止が確認されるまで、身体は吊されたままだ。

法務省はどのように執行の順番を決めるのか。拘置所の職員がボタンを押す仕組みはどうなっているのか。刑務官だけに執行のボタンを押させていいのか。死刑囚の家族や被害者の遺族にはいつ、どのように伝えられるのか。死刑囚は苦しまないで死んでいくのか……。知りたいことは山ほどあるのに、死刑は国家によって徹底的に隠されてきた。

執行された死刑囚の氏名が公表されるようになったのは07年。つい最近のことだ。法務省は国民に議論自体をさせたくなかったのだと考えざるを得ない。知らせないことで不気味さを温存し、死刑を存置することによる犯罪抑止力を保とうという考えがあったのかもしれない。しかし、「自分を死刑にしてほしい」という理由で無差別テロを起こす事件が相次いでいる以上、死刑制度が凶悪犯罪の抑止には必ずしもつながっていないのも事実だろう。

被害者の遺族が望むなら、執行への立ち会いも認めればいい。また、70年代ごろのように、前日には死刑囚に執行があることを知らせて、家族と会う時間や遺書を書く十分な時間を与えてもいいと思う。精神の安定につながるなら、小鳥やハムスターなどの小動物を独房で飼うことだって認めればいい。

死刑囚の接見交通権（外部の人と面会し、書類や物の受け渡しができる権利）が極端に制限されていることも問題だ。家族や弁護人以外の面会人の数を限定せず、会いたい人には会えるようにした方が死刑囚の精神の安定は保たれるはずだ。

死刑に執行猶予の考え方を導入するよう求める声もある。死刑判決を下した時に、裁判所は3年、5年などの執行猶予をつける。その間、死刑囚が罪と向き合い、反省をどれだけ深めたのかを観察する。猶予期間が終わる段階で裁判所が、もう一度判断をする。反省が深まっていれば、場合によっては執行猶予の延長も可能とする。

終身刑の導入も本格的に議論する時期ではないか。死刑と無期懲役の違いはあまりにも大きい。13人という大量執行を、死刑制度の議論を広げる契機にしたい。

■悪の凡庸さ

「悪意の殺人には限度があるが、善意の殺人には限度がない」とは信者の脱会支援を続け、教団からサリンで襲われた経験のある滝本太郎弁護士が繰り返し語っている至言だ。麻原の操り人形のように事件にかかわった弟子たちも、現在も教団の後継団体「アレフ」に残る人たちも、圧倒的多数は「善き人」だった。

「正しいとか間違っているとかは考えない。上からの指示は無条件に従うものだと考えていた」と何度も語ったのは、東大で素粒子物理学を学んだ豊田亨だ。法廷で何度も耳にした豊田のこの言葉を思い返す時、ある人物のことが浮かぶ。ナチスドイツの親衛隊将校で、ユダヤ人絶滅（ホロコースト）計画の実行責任者だったアドルフ・アイヒマンだ。

アイヒマンは、アルゼンチンで潜伏生活を送っていたところをイスラエルの諜報機関モサドによって捕らえられた。1961年4月、エルサレムで始まった裁判で、「ユダヤ人をガス室に送ったのは自分の意志ではなく、ただ上層部からの命令だった」と主張した。全裁判を傍聴した哲学者のハンナ・アーレントは傍聴記を元にして書いた『エルサレムのアイヒマン』で、アイヒマンを極悪人ではなく、平凡で小心な役人に過ぎなかったと描いた。アイヒマンの中に「悪の凡庸さ」を見出したのだ。

欧州各地からユダヤ人を絶滅収容所に送り込んだナチスドイツとオウム真理教では、スケールが全然違う。しかし、上からの指示に従うだけの思考停止が被害を拡大させた点では共通点がある。自分の頭で考えることをやめた時、誰もがアイヒマンに、そしてサリン事件実行犯になり得ることを私たちは歴史から学んだのである。

地下鉄サリン事件から15年後の2010年3月、私は旧上九一色村のサティアンと呼ばれる教団施設が集まっていた跡地を訪ねた。早川紀代秀が先頭に立って建てた教団の建築物はすべて取り壊され、事件を想起させるのは小さな慰霊碑一つだけだった。そこには何の説明文もなかった。事件に関心を持つ人が訪れ、ここがオウムの本拠地だったと言われても想像できないだろう。4合目ぐらいまで雪をかぶった富士山が大きく美しくそびえていた。

はっと気付いたことがある。そういえば、裁判でも、元信者たちと話をする中でも、富士山の美しさに心を動かされたという声を、私は一度も聞いたことがなかった。目の前にある美しい自然も、オウムの出家者たちにはただの風景の一つだったのだろう。何が起きても心を動かさない「聖無頓着」の実践が彼らの目指すところであった。人間らしさを消し去ることが修行の完成だった。美しいものに感動したり、不正を憎んだり、ちょっとしたことに喜んだり、という感情の起伏を否定する宗教は、やはり間違っている。

事件が報道された当時、オウム真理教は宗教ではない、という声が、仏教教団など伝統宗教や新宗教の側からも上がっていた。あんな連中と一緒くたにされたくないという反発や戸惑いは理解できる。しかし、近年のイスラム過激派の自爆テロを見ても、宗教的な動機は無差別殺人と結び付きやすい。オウムの場合、それは「救済」という独りよがりの発想だった。「グル麻原」はこの世からいなくなった。だが、イエスの死後、パウロが現れたように、師の考えを受け継ぎ、新たな展開をつくる「中興の祖」的な人物が現れれば、「アレフ」は再興する可能性がある。95年当時、教団を動かす頭脳的な存在だった幹部はすでに服役を終え、微罪逮捕だけで起訴されなかった者もいる。企業で言えば「企画部門」の幹部は、温存されているとも言えるのだ。道義的にはサリン事件実行犯以上に責任が重い彼らが今、教団を脱会して距離を保っているのかどうかを見極めなければならないだろう。

■世界をつないだインターネットが……

地下鉄サリン事件があった1995年3月以降、世界で起きた最大の変化はインターネットの発達だ。95年には「ウィンドウズ95」が発売された。当時は携帯電話が普及し始めたころで、私が電子メールを初めて使ったのは96年秋だった。オウムの元幹部とのやり取りで利用してみて、こんな便利なものができたのか、と感動したことを今も覚えている。

教団は時代の先端を走っていた。教団の関連会社「マハーポーシャ」では格安のパソコンを販売。「科学技術省」は、科学技術情報を提供するデータサービスにアクセスし論文や記事などを検索、それを武装化を進めるための情報源にするなど、黎明期のインターネットをフルに活用していた。

インターネットは個人が世界と瞬時につながる革命的なツールだった。通信速度はどんどん速くなった。近年はスマートフォンが主流になり、ツイッターやフェイスブックなどのSNSを通じて、個人が自分の意見を直接、世界に発信できるようになった。即座に欲しい情報を検索することができる利便性を、私たちはもはや手放すことはできない。情報を独占していたマスメディアの地盤沈下は著しくなった。

インターネットが生み出す明るい未来を信じた人は多いはずだ。しかし、ネットの負の面は無視できなくなってきた。フェイクニュースやヘイト言説がSNSを通じてあっという間に拡散するようになった。

米国では2017年以降、ネットの匿名掲示板やSNS上の陰謀論を信じる集団「QAnon」が影響力を強めている。日本の匿名掲示板の影響を受けて米国で開設された「4chan」に掲載された、「Q」という名前のユーザーによる投稿が始まりだ。Anonは匿名を意味する。「民主党が小児性愛者サークルやロシア政府と裏でつながっている」「ロシア疑惑を調査している特別検察官は、実は民主党とロシアの関係を暴くためトランプ大統領に任命された」――。Qは根拠のない陰謀論を掲示板で定期的に展開し、多くの支持者を集めているという。

ジャーナリストの津田大介が東京新聞に連載しているコラム「見張り塔から」（18年8月28日朝刊）によると、荒唐無稽な陰謀論とその支持者たちは、トランプ大統領を熱心に支持しているという。トランプ大統領自身も陰謀論を無視できなくなり、QAnonにおもねる言動を始めた。ネット発の陰謀論が、現実に米国大統領を動かし、世界情勢に影響を及ぼし始めているというのだ。18年には、トランプ支持者の集会に「We are Q」という文字がプリントされたTシャツを着た支持者が多数出現した。

陰謀論はいつの時代にもあった。「ユダヤ人が世界を陰で操っている」「アポロの月面着陸はなかった」「地球温暖化はうそだ」――。しかし、インターネットが現在のように発展するまではこれほど大きな影響力を及ぼすことはなかった。ネットの力によって、その影響力は世界を揺り動かす巨大なものになりつつある。

〈ツイッターを使った政治家によるメディアへの攻撃、広告料目当てでつくられるフェイクニュース、QAnonのような陰謀論の拡散――ソーシャルメディア上で起きていることだ。世界中でマスメディア以上の影響力を持つようになったプラットフォーム事業者が、流れる情報の「質」について責任を取らないことが、世界中で多くの混乱を招いている〉（18年8月28日朝刊）と分析する津田は、〈多くの国でインターネットが民主主義の敵になりつつある〉（18年10月25日朝刊）と警告している。

東西冷戦が終わって、ベルリンの壁が壊された。その結果、戦争のない世界になるという期待があった。あれから三十年、世界を結び付けたインターネットは今、民族や人種の間に新たな壁をつくり、社会を分断する装置として機能していることを私たちは自覚した方がいい。インターネットによって多くの問題が解決され、平等な社会が到来するという予想は裏切られた。近年の「デジタル革命」によって、雇用は減り、経済的、文化的な格差はむしろ広がっている。被害者意識をむき出しにしたＳＮＳの閉じたコミュニティーは、差別と偏見に満ちた陰謀論の巣窟となっている。

教団でスパイ小説もどきの「諜報省長官」だった井上嘉浩は、「軍事評論家」を名乗り現役の自衛官に接触した。陰謀論の本から情報を仕込み、「ハルマゲドンで日本が滅びる」などと危機感を煽り、多くの現役自衛官を教団に引き込んだ。
「米軍や自衛隊から毒ガス攻撃を受けている」という荒唐無稽な陰謀論をまきちらし、疑似国家をつくって暴走した教団のことを、特別な事件を起こした異常な集団と言えるだろうか。インターネットを介して激変しつつある社会のあり方は、麻原が実現しようとした極端な「善悪二元論」的な世界観に近づいてきているように思える。

オウム真理教は、陰謀論によって肥大化した教祖の妄想に、自らが食い破られたとも言える。フェイクニュースや陰謀論を利用しようとすると、大きなしっぺ返しをくらう。私たちは気付かなくてはならない。世界が陰謀論に覆い尽くされる前に。

■愚かな人たちと笑えるのか

1995年の地下鉄サリン事件を契機に、監視カメラが街中に設置され、刑法や少年法などの厳罰化が確実に進んだ。安倍政権の下、特定秘密保護法も制定された。極めつきは共謀罪の趣旨を含む組織犯罪処罰法の改正だ。

「現代の治安維持法」とも呼ばれる「共謀罪」は、実際はテロを防止する法律ではないのに、「テロ等準備罪」と名付けられた。法案審議の過程では、「共謀罪」があれば、地下鉄サリン事件は未然に防げた、とでもいうような印象操作が政府によって繰り広げられた。しかし、先に指摘したように警察組織が本来の仕事をしていれば、事件の発生は防げたと私は考える。

地下鉄サリン事件後の数年間、オウム事件は「消費」の対象だった。一時期のテレビはこぞって上祐史浩ら教団幹部を生出演させ、一方的な主張を垂れ流した。一般紙、スポーツ紙、週刊誌もオウムを集中的に取り上げていた。

「早川紀代秀に北朝鮮への渡航歴がある」など、裏付けの取れていない情報も多く、オウム真理教と北朝鮮に関係があるかのような話が、今でも水脈の下からぽこっと浮き出てくる。

95年の年末、私は「前線日記」という東京新聞のコラムに次のように書いた。

〈「麻原さんは『俗物』ではなく『怪物』だった。日本の社会に欠落しているところを突き、それに一つの可能性を示した」。三月の強制捜査後に脱会した元信者（27）はこう話した。荒唐無稽な話であっても、一部の若者は、麻原被告が断定的に語る未来像にリアリティーを感じたのだ。

麻原被告は実際のところ、宗教家を装った「詐欺師」だったと思う。ある時期から宗教を自分の妄想実現のための手段にすり替えたのも間違いない。

問題は、若者たちが教祖の妄想実現のために手足となり、犯罪行為を「救済活動」の名で心の葛藤を合理化し、自分を納得させてしまった、ぜい弱さだ。他者の痛みへの想像力が決定的に欠けている。

それこそが「カルト宗教」の恐ろしさなのだが、犯罪にずるずると加担した被告たちを「愚かな人たち」と笑えるのだろうか。想像力を放棄し、感受性をそぎ落とさなくては生きられない社会に、私たちもまた存在しているのではないか〉（95年12月31日朝刊）

この文章を書いてから25年近く経った。第2章で見てきたように、麻原は弟子たちに神秘体験をしたと信じ込ませる技量を持っていたと考えている。ヨーガや瞑想の指導者として有していた一定の「霊力」は、自らを救世主と錯覚した時点で消えてしまった。だから薬物に頼らざるを得なかった。

95年10月から97年4月にかけての約1年半、私はオウム裁判の担当記者として取材した。教祖・麻原彰晃の公判をはじめオウム信者が被告となった裁判は連日開廷され、一日に4、5件の審理があるという日も珍しくなかった。オウム信者の若者たちの声に耳を傾ける日々だった。その後も司法記者クラブのサブキャップ、キャップとして、断続的にオウム裁判を取材した。かつての弟子の判決の中で強く印象に残ったのは、地下鉄サリン事件の実行犯・林泰男に極刑を言い渡した東京地裁の木村烈裁判長の言葉だった。判決理由の最後をこんな言葉で締めくくった。

「被告人を一人の人間として見る限り、資質や人間性それ自体を取り立てて非難することはできない。およそ師を誤ることほど不幸なことはなく、その意味において被告人もまた不幸かつ不運であったと言える」

麻原と決別して刑場に向かった者たち、麻原に殉じる形で生涯を終えた弟子たち――。彼らの素顔の一端に触れてきた者として私は、彼らは麻原を師に選ばなければ、社会に貢献できる真面目な人たちだったと確信している。

オウム真理教に入信した若者たちは、物質的な豊かさだけが優先される社会に疑問を感じていた生真面目な人ばかりだった。生真面目さが暴走したのが、オウム真理教事件だった。

麻原は神秘体験を利用して若者の空虚さを埋めようとした。一方、目の不自由な教祖に対し、側近たちが陰謀史観に基づくフェイクニュースを吹き込み、麻原がそれを信じて被害妄想をいっそう膨らませた実態は見逃せない。教祖と弟子はお互いに依存する関係となり、教祖の思惑をも超えて膨らんだ妄想は制御不能になってしまった。

その姿を私は「愚かな人たち」とは笑えない。95年の当時以上に、想像力を放棄し感受性をそぎ落とさなければならない社会に、私たちは生きているからだ。

「強欲な経営者によって多くの職業がＡＩ（人工知能）に置き換えられ、仕事を失う人が激増する」という近未来予想図が描かれている。閉塞感を打破してくれる過激な思想に、心の拠り所を求める人が増えるかもしれない。「第二の麻原」が現れる余地は多いにあると危惧している。

墓碑銘

岡崎(宮前)一明

1960年10月8日生まれ
執行時57歳（名古屋拘置所、7月26日）

◉温かい家族へのあこがれ

「水墨画の教本を差し入れてほしい」という手紙が東京拘置所の岡崎一明から私に届いたのは、控訴審が終わってから1年半ほど経った2003年5月だった。その後、岡崎は独学で水墨画を学び、国内最大級の水墨画展で審査員奨励賞など多くの賞を受賞した。素人目にも筆遣いは緻密で、几帳面な性格がにじみ出ていると思った。

岡崎から最初の手紙が私に届いたのは、1998年12月。一審の死刑判決から2カ月後だった。取材で知り合った元出家信者を通じ、手紙のやり取りをしたいと申し入れると、裁判所の許可が下りた。2通目からはB4判の紙に小さな字でびっしりと書き込まれ、犠牲者、遺族への謝罪の言葉がつづられていた。私が教団の教義などを質問し、岡崎が回答する往復書簡の形で続き、死刑が確定するまでに70通の手紙が届いた。

「オウムから命を狙われる恐怖と、逮捕されて重刑に処せられる恐怖のはざまで、悩み続けながら生きてきました」。96年4月17日の初公判で岡崎は、小さな身体をこわばらせて被害者、遺族への謝罪を繰り返した。深い悔悟の気持ちが伝わった。しかし、彼が麻原公判などで厳しい証人尋問にさらされると、別の一面も見え始める。

坂本弁護士一家殺害の実行にかかわった後の90年2月、岡崎は教団が衆院選に資金をつぎ込む姿勢に疑念を抱いたという理由で、現金2億3000万円などを奪って、女性信者とともに教団から逃げた。先回りした早川紀代秀に宅配便を押さえられ金を奪い返されると、岡崎は坂本の長男の遺体を遺棄した現場の地図や写真を神奈川県警に匿名で送り付けた。

麻原は、岡崎の所持金1700万円を1000万円から差し引き、830万円を「退職金」名目で岡崎に渡すよう指示した。事実上の「口止め料」である。その後は郷里の山口・宇部市に身を隠し、学習塾を営んだ。丁寧な指導で人気があったという。95年3月に教団に強制捜査が入ると、神奈川県警に自ら連絡。それでも、坂本弁護士一家殺害事件への関与は、見張り役程度しか認めなかった。逮捕前にインタビューに応じた週刊誌からも、高額の謝礼を受け取っていた。

温かい家族へのあこがれを私への手紙につづってい

たことが印象に残っている。教団在籍中に名乗っていたのは養父母の佐伯姓だったが、逮捕後は実の父母の姓である岡崎姓を名乗った。世話になった養父母に迷惑を掛けたくないという思いがあったようだ。岐阜・関市にあった玉龍寺の宮前心山住職と獄中で養子縁組してからは、宮前姓となった。

実母は生後10カ月の岡崎を残し家を出て、2歳3カ月で養子に出された。中、高校生の時には新聞配達や土木作業の仕事をして学資を稼いでいた。中3の受験期、親子げんかの際に養父に実子ではないことを知らされる。〈こんなところに預けるなら孤児院（原文ママ）の方がましだ〉と自分を捨てた実父母への怒りがわき上がり、その日は朝まで一睡もできなかった、と赤裸々につづっていた。

県立工業高校を卒業後、建設会社に就職。大学の夜間部に通わせてもらえるという約束をほごにされ、数カ月で辞めている。製薬会社や学習教材のセールスなどへの転職を繰り返す中、精神世界や仏教、新宗教への関心を深めた。阿含宗に入信するなど宗教や修行の遍歴を重ねた後の85年に、雑誌『ムー』や『トワイライトゾーン』で麻原の記事に感動し、直接「オウム神仙の会」に電話を掛けると麻原本人が出た。こんなやり取りがあったという。

「私はセールスなどで相当の悪業を積んでいますが、それでも解脱はできるのでしょうか?」「はい、できます。あなたがそう思っている時点から、あなたの罪は消えています」

この会話で岡崎は心をわしづかみにされてしまった。

出家したのは25歳の時。「自分のすべてを見てくれる。おやじというか、家庭的な雰囲気に引かれた」。岡崎は、心の底で求め続けた「父性」を麻原に重ねた。

◉まるで凱旋将軍

「最終解脱者」である麻原を除けば、後の「大蔵省大臣」（女性幹部）に次ぐ教団二人目の成就者になった。「マハー・アングリマーラ」のホーリーネームを与えられ、草創期の最高幹部の一人として活動し、教団の発展に尽力した。

「アングリマーラ」は999人を殺害した後に改心した釈迦の弟子の名前にちなむ。教団では、書籍販売部門の営業責任者として辣腕を振るった。

修行中に死亡した真島照之の遺体を警察に届けずに処理した件にかかわり、その後は教団からの脱会を求めた出家信者の田口修二の殺害にも幹部の一人として関与した。9カ月後には坂本弁護士一家殺害事件の実行犯になった。深夜、坂本のアパートまで行き、無施錠だったことを確認したのは岡崎だった。端本悟は「かぎが掛かっていないことを岡崎さんが確認しなければ、冗談で終わった」などと証言した。

「オウムをつぶせるのは自分しかいない」「麻原のような怪物が二度とこの世に生まれてこないためにも積極的に話す」――岡崎は自分の公判でそう訴えてきた。しかし、教団の崩壊に果たした貢献ぶりを強調すればするほど、遺族から「まるで凱旋将軍が手柄話をしているようだ」(坂本都子の父・大山友之)と強い反発を招いた。

一審では、国際医療福祉大学教授の小田晋らが心理鑑定を実施した。その結果は「責任能力はあるが、犯行時においてそれ以外の行為を選択できない状態にあった」という内容だった。裁判所は責任能力があったという点のみ採用して、98年10月の一審求刑通り死刑判決を下した。

「自首の動機は、真摯な反省ではなく、教団によって殺されることから身を守るという自己保身だった」「捜査機関の事情聴取に平然とうそをつき、遺族の救出活動を目にしながらも関与を隠し続けた態度は、したたかで狡猾」

林郁夫の真摯な反省を認め無期懲役の判決を言い渡したのと同じ東京地裁の山室恵裁判長は、判決の中でこう指摘し、「人間性の欠如」とまで断じた。恵まれない環境の中で生きてゆくために身に付けた処世術が断罪されたように私には思えた。

二審も死刑判決が維持されたが、判決文には一審のような厳しい「人格否定」の表現はなく、「真摯な反省の態度を示している」としていた。岡崎の手紙には〈少し安堵しました〉と書いてあった。

初めて岡崎と面会できたのは控訴棄却の直後の01年12月19日だった。寡黙な死刑囚という、頭の中で描いていた人物像は見事に覆された。実に饒舌な人物だった。01年1月、私が大腸ガンで手術した時には、獄中からお見舞の電報を送ってくれるような気配りの人でもあった。

その後、前述のように独自の「在家出家」制度をつくった玉龍寺の宮前心山住職と知り合い、養子縁組し、獄中で得度した。05年4月の最高裁判決に際して、岡崎は、「黄山雲海」と名付けた水墨画と、現在の心境をつづった手記を寄せた。

〈救済を誓ったあの志が、別の方向に暴走したことに気づいてほしいのです。偏った教えにとらわれる恐ろしさを気づけば救われます。（略）ブッダは輪廻転生など説いていません。この世にカルマなんてありません。気づいたとき、私たちは宗教や信仰の呪縛から離れます。気づいたとき、他人に教義や教えを刷り込むのは間違いであり、真の仏教とは宗教でも信仰でもありません。万物事象の中で生かされている自分に気づいたとき、心は氷解します。ありのままの自分が在るがままの自然の中で息づいていることに。一人ひとりがそれに気づくことでこの世は一変します。

今生で出会った多くの人に心から感謝致します。最期の日までこの気持ちを忘れません。ありがとうございました。合掌　平成十七年四月五日　宮前一明〉

（東京新聞、05年4月7日夕刊）

◉13冊の獄中日記

岡崎は18年3月、名古屋拘置所に移監され、7月26日に死刑が執行された。57歳だった。遺品は支援者の女性が引き取った。衣類、描きかけの絵など段ボール9箱分だった。拘置所の独房で描いた数多くの水墨画も、この女性が保管している。

執行後、私はその女性と会って話を聞いた。ＮＨＫの特集番組『未解決事件Ｆｉｌｅ02　オウム真理教17年目の真実』（12年5月26日放映）でオウム事件が取り上げられているのを見て、「オウム事件って未解決なの？」と関心を持ったという。

死刑囚との文通や接見は厳しく制限されており、女性が岡崎と直接会ったことはない。名古屋市に住んでいた5年ほど前から、岡崎との交流を特別に認められた支援者を通じて手紙を出したり、差し入れをしたりしてきた。死刑を執行したとの連絡を受け、岡崎から生前に指名されていた彼女が遺品を引き取りに行った。

思いがけなく名古屋拘置所の職員から「会っていきますか」と聞かれ、棺の中の岡崎と対面した。初めて直接顔を見た岡崎は、穏やかな表情だったという。麻原らの執行から3日後の7月9日付で書かれた女性宛ての手紙には、〈死を超えてまで妄信する宗教と人の心との関係を、もっと深く追求しなければ再びオウムのような空間を現代人は造り出してしまう〉と書かれていた。

遺品の中には13冊の獄中日記があった。1冊を見せてもらうと、びっしりと小さな字で書かれている。誰と会ったとか、手紙を書いたとかが詳細に記されていた。そこには私の名前も頻繁に出てきていた。〈遺書を書いている〉と手紙にあったが、遺品の中からはまだ見つかっていない。女性は事件のことをもっと考えてもらいたいと思い、ブログを開設した。岡崎が拘置所から発信した手記や水墨画なども公開している。

広瀬健一

1964年6月12日生まれ
執行時54歳（東京拘置所、7月26日）

◉お父さんを返して

段ボール箱に入った取材資料を整理していたら、風呂敷に包まれた厚い紙の束が出てきた。広瀬健一から、2008年ごろに送られてきた数学の問題集の草稿だった。被害者に手紙を書くために獄中でペン字を習った彼らしい丁寧な文字で書かれていた。高校受験の問題集を出版して賠償に充てたいので、版元を探してもらえないか、という依頼だった。

受験産業にかかわりの深い何人かの知人に打診したが、高校受験の問題集は時代のニーズと合わず実現できなかった。数年後、電子書籍として出版できたとの連絡が届いた。

「最も優秀な学生でした。国際会議に向け、論文を作成するに当たり、なくてはならない存在でした」

早稲田大学大学院の指導教授が一審の法廷で証言するように、広瀬は研究者として将来を嘱望された存在だった。

麻原の国選弁護団の一人は、接見の際に「広瀬さんはあなたと出会わなかったら世界的な学者になれる人物だった。罪を認めないのは構わないが、巻き込んでしまったことへの責任は感じるべきじゃないのか」と強く迫ったことがある。麻原は黙ったまま何も答えなかったという。

広瀬がオウムに入信した動機は、第2章の手記に詳しい。誠実に公判に臨み、共犯者の公判でも抜群の記憶力で自らがかかわった事件の全貌を静かに語ってきた。

1999年3月、広瀬のまいたサリンによって父親を奪われた女性が証言した公判を取材した。証言を終えて法廷を去ろうとした女性は、「お父さんを返して」と泣き叫んだ。

高橋シズヱは著書『ここにいること――地下鉄サリン事件の遺族として』（岩波書店、08年）の中で、この女性に付き添った様子を詳しく再現している。

〈広瀬健一被告がサリンを散布させた丸ノ内線で父親が亡くなった女性遺族が、検察官から「父を殺した実行犯」が被告人席にいることを教えられ、「死刑にしてください」と答えた後だった。弁護側が、事件直後に彼女が検察官の前で供述した調書に書かれていることを指して、「お父さんを返してほしいとあるが、今も同じ気持ちか」と聞いたとき、彼女は「お父さんを返して。返してくださいようっ」と叫んで証言台に泣き伏した。

それを見て、私はとっさに「証人に付き添っていいですか」と傍聴席から申し出た。裁判長もそれを認めたので、私は法廷のなかに入り、裁判所の職員といっしょに泣き続ける彼女を支えて、控え室に連れていった。私の娘ほどの年の彼女は、椅子に座ると「高橋さん、言ってやったよう、言ってやったよう」と、子どもみたいになおも泣き続けた。手を握ると、冷たくて、震えているのがわかった。「うん、よかったね。（あの言葉は）天国にいるお父さんに聞こえているよ」と私は答えた。彼女は「聞こえたかな。聞こえてほしい」と言った〉。証言を聞く広瀬の顔はこわばっていた。

その直後の4月、広瀬は精神に変調を来し、出廷できない状態となった。家族や弁護人とも半年ほど接見ができなくなり、審理も一時中断した。それを乗り越えて審理に復帰した。精神状態の悪化は、遺族の証言によって深い絶望感が生じたことが大きかったのではないか。それに加え、心理鑑定のために精神科医と面談した際、「心の深層では教祖を捨て切れていない」との指摘を受け、再び麻原と向き合い、教祖を特別視しようとする気持ちを見つめ直したからかもしれない。

◉遺族に書いた手紙の下書き

広瀬から最初に手紙をもらったのは01年4月。私が切り花を差し入れたことに対するお礼だった。

〈私も同じ昭和39年生まれ。証人出廷の時に私を担当した検察官も同じ年代の方が多かったです。教団にいた時は重要な救済活動をしていると愚かにも思っていたのですが、このような立場になって、社会で活躍されている同じ年代の方々を見るとうらやましく感じます〉

最高裁で死刑が確定するまでは、東京拘置所に行った時は必ず切り花を差し入れた。いつも丁寧な礼状が届いた。麻原の一審判決を前にした04年2月、広瀬に

5回にわたって東京新聞に手記を書いてもらった。手記に「アレフ」に残る人たちへのメッセージをこめたいという意図を明かしていた。

〈オウムに関する既刊の解説本では、仏教の専門家が仏典とオウムの教義を比較して、オウムの教義の誤りを論理的に指摘していることが多いです。しかし、信徒は修行経験のない仏教学者は仏典を正しく解釈できないと教えられており、かつ理論より体験によって教義を確信しているので、このアプローチでは信徒に教義の誤りに気付かせるのは難しいのです。

ですから、私は信徒の体験そのものに疑問を抱かせる方向に導くことを考えています。この方法でも、麻原が教団で指導していた求心力が強い頃は通用しないと思いますが、麻原がいなくなってから久しい今なら通用するかもしれないと淡い期待を抱いています。ただ、信徒が私の書いたものを読むかという大きな問題がありますが。その他、手記を書く上で解決しなければならない問題が山積みですが、何とか完成させたいと思っています〉

麻原の控訴が棄却された後の06年9月の手紙では、麻原の本質を見抜けなかったことへの後悔の念を記していた。

〈麻原は事件を含めた現実に向き合うと、自分が最終解脱者でないことを認めざるを得なくなるでしょう。すべての状況は麻原が最終解脱者としての力を持たないことを示しているのですから。麻原は自己のプライドを保持するために、すべてを拒否したままこの世から消えていくのかもしれません。このような麻原の本質を見抜けずに指示に従った私の愚かさが悔やまれます〉

麻原ら7人の死刑執行があった18年7月6日の後、広瀬から7月30日に面会に来てほしい、と指定する手紙が母親に届いた。今まで具体的な日を指定してきたことなどなく、30日に行く予定でいたら26日に刑が執行されたという。麻原ら7人の刑が執行された後、母親は一度も会えないまま永遠の別れになってしまった。

遺品の中からは、サリン事件の被害者や遺族に書こうとしていた手紙の下書きが見つかった。「拘置所に行けば今も会えるような気がしている。目の前に遺骨があるのも信じられない」と母親は私に語った。一周忌には納骨をする予定だという。

早川紀代秀

1949年7月14日生まれ
執行時68歳（福岡拘置所、7月6日）

◉狂気の宗教家

体制崩壊で揺れ動いていたロシアとの間を何度も行き来した早川紀代秀は、刺殺された村井秀夫と両輪となり、オウム真理教の非合法活動を指揮する「武闘派」のイメージが強かった。しかし早川と面会して手紙をやり取りする中で、強面の印象は変わっていった。

早川の著書『私にとってオウムとは何だったのか』によると、早川は大阪府内でも屈指の進学校を経て、神戸大学農学部に進学。具体的な手段や方法論に違和感があり、学生運動は冷めた目で見ていたという。社会を変えるためには、まず人間の心を変える必要があるとして、意識と環境の研究を目指した。造園を専攻に選び、大阪府立大学大学院では緑地計画工学を専攻した。

「ノストラダムスの予言」に影響を受けた。1999年にハルマゲドンが起きるという時に、仕事だけやっていていいのか、という気持ちがくすぶった。瞑想やヨーガの本を買い漁っていた中、86年、麻原の「空中浮揚」が表紙になった著書『超能力「秘密の開発法」』に出会った。宗教には興味も関心もなかったが、麻原のもとで修行を重ねているうちに確信を深め、両親と住んでいた家を売り、妻と一緒に出家した。

95年12月の初公判での、入廷時の仕草が私には印象深い。裁判官に一礼した早川は、くるりと後ろを向き、傍聴席にも頭を下げた。証言台に向かう時も同じ動作を繰り返した。傍聴人にまで気配りをする被告を見たのは初めてだった。

武闘派の印象が崩れたのは、早川が証人出廷した97年2月の麻原公判だった。例によって麻原は被告人席で不規則発言を繰り返し、退廷を命じられた。その直後、早川が証言台に突っ伏し号泣し始めた。当時47歳。傍聴していた私はあっけにとられた。とっくに脱会を宣言し、教祖と決別していたのではないのか？　麻原が退廷したあの場面で、なぜ声を上げて泣いたのか？その理由を聞きたかった。

2004年5月に控訴審が終わった後、手紙のやり取りができるようになり、早川に質問をぶつけると、丁寧な返事があった。

早川によると、グルの前で証言するという一大決心をして証言に臨んだが、いざ始まってみると、訳の分からないこと、しかし、胸にぐさっとくるようなこと（例えば「両親や妻のことを考えろ」とか）をブツブツつぶやくグルの態度に、気が動転し、極度に緊張をしたという。麻原が悠々と退廷していく後ろ姿を見た時、それまで張りつめていた気持ちが一気に崩れ、無性に情けなくなり、悲しみがこみあげてきてどうにもならなくなったそうだ。

信頼し合っていた師弟が法廷で対決するということ自体、非常に情けないことだったが、事件の宗教的正当性に疑念が生じた以上、それは避けて通れないことであると観念し、法廷での証言を始めた早川。しかし、弟子の証言をまともに聞こうともせず、結局退廷させられてしまったグルの態度に強いショックを受けたという。

〈今思えば、あの時感じた情けなさは、グルとあがめた人の態度があまりにも情けなかっただけでなく、自分の証言を聞いてすらもらえない自分への情けなさというものもあったように思います。そういう意味では、当時はまだまだグルへの依存心が抜け切っておらず、その依存心を涙で洗い流してしまいたかったのかもしれません〉

麻原への依存心がまだ残っていたという正直な回想は驚きだった。早川のような社会経験の豊富な男でも、宗教的な呪縛からは簡単に逃れられないことを知った。

麻原という人物をどう考えているのか、という質問には次のように答えた。

〈世間一般で思われているような俗物のいかさま師とは思っていませんが、宗教的使命感によって悲惨な事件を起こし、憎しみを機縁に救済を図ろうとしてしまった狂気（原文ママ）の宗教家であると思っています。最終解脱をされたのかわかりませんが、霊的にはかなりのレベルにあったと思います。しかし、信じられていたようなレベルにはなく、また、この人間の世界に神々の論理と称するものをそのまま持ち込んで多くの苦しみをもたらしてしまったのですから、裁かれてしかるべきだと思います。

宗教全般については〝危険ではあるが必要なもの〟というふうに思っています。「危険である」というのは宗教は時として人々を破滅させてしまうからであり、「必要なもの」というのは宗教なしには人間は真に幸福にはなり得ないと思うからです〉

俗物のいかさま師ではなく「狂気の宗教家」――。これが控訴審終了時の結論だった。控訴審後、接見禁止が解けた早川と何度か東京拘置所で会った。髪が真っ白になっていて驚いた。

取りざたされていた警察庁長官狙撃事件への関与について話を向けると、早川は「死刑判決を受けている人間がなぜいまさら隠し立てをすることがありますか」とぷりぷりと怒っていた。人間味のあるおっさんというイメージの人だった。手紙には必ずカラフルな手描きのイラストが添えてあった。

◉ロシア・ルート

早川といえば、ロシア・ルートを問わないわけにはいかない。起訴された事件の大半がロシアとは無関係だったから、公判では話をする機会がなかった。

95年5月、上九一色村で麻原が逮捕された時、私はモスクワでロシア支部の活動や武装化に関して取材をしていた。激しいインフレによってルーブル紙幣が紙くずのようになっていたころだ。KGB関係者への取材は相当のドル紙幣を積まないと難しいと言われていた。こちらの取材力不足もあり、教団とのつながりの核心を知るロシア人関係者に接触することができず、モスクワでの取材は大きな成果を残せなかった。それだけに早川にはロシアで何をしたのか、聞きたいことがたくさんあった。

05年6月、教団のロシア進出と武装化への関与について質問する手紙を送ると、早川から丁寧な返信が届いた。まず、ロシア進出の経緯についてこう回答した。

〈麻原がロシア進出を図ろうとした理由はロシアでの布教に興味があったからではなく、ロシアでのオウムの活動が日本向けのPRになると考えたからでした。

このことは当時、何度も聞いています。創価学会が池田大作名誉会長の海外での講演や海外の要人との会談の様子を大々的にPRしている手法が、当時のグル麻原の頭の中にはありました。

グル麻原の初めてのロシア訪問の主目的はエリツィン大統領との会談であったわけですが、これは実現しなかったものの、ロシア政界の要人との会談、大学での講演、ロシア正教会府主教との会談やクレムリン劇場でのオリジナル・ミュージカル『死と転生』の上演などは実現し、狙いだった日本向けのPRの材料はほぼ得るのに成功したと言えました。

また事前交渉の過程で私が日本向けの日本語ラジオ放送の放送枠を手に入れたことが、「ロシアでの出来事のなかでの一番の成果である」とグル麻原が喜んだのも、その目が常に日本に向いていたからでした。ロシアへの進出はあくまで日本向けのPRのためでしたが、ロシアではこれを機にオウムの布教を時の政権やロシア正教会が半ば公認した形になったため、その後のロシア国内のテレビ、ラジオ放送の開始と相まってロシアでのオウム真理教は急激に発展していったのです〉

91年冬、ソ連の体制が崩壊した。共産主義イデオロギーを失ったロシア人の関心は、民族主義やロシア正教、新興宗教などに向かい、一部は終末論や救世思想を唱える宗教へと走った。その受け皿の一つになったのがオウム真理教だった。

早川によると、テレビやラジオで教団を知ったというロシア人が連日、支部を訪れ、信者数は93年秋ごろには1500人ほどになっていたという。92年冬から93年春、早川は村井ほか科学班のメンバーをロシアの物理・化学研究所に案内し、ロケット工場、自動小銃をつくる軍事工場、軍事大学などを見学させた。さらに、ひそかに自動小銃AK74一丁を入手した。早川は、これがロシアでの「唯一の非合法活動」と手紙で強調した。

93年7月ごろ、早川はエリツィン大統領側近のオレグ・ロボフ安全保障会議書記と麻原の会談をセットし、パリで会談が実現した。また、ロシア製の大型ヘリコプターを輸入した。量産プラントでサリンを製造できたら、このヘリコプターで上空からサリンをばらまく計画だったが、試運転の際に破損し使いものにならなくなった。

94年3月には、「酒石酸エルゴタミン」を旧知の科学者を通じて大量に入手した。酒石酸エルゴタミンは片頭痛の治療薬として用いられるが、教団は幻覚剤のLSD製造のために使用する予定だった。国内で大量に入手すると捜査当局に知られてしまう可能性があるため、ロシアから輸入することになったのだ。早川は5キロを25万ドルで購入、日本に持ち帰った。

4月には、ロシアで第1回射撃ツアーを開催し、出家信者十数人が参加した。このメンバーが帰国する際、入手した自動毒ガス探知機、細菌検知器を分解して持ち帰った。6月の第2回射撃ツアーは一般公募に失敗し、信者の参加もなく、やむなく「法皇官房」の幹部らが急遽参加した。これを最後に射撃ツアーは中止になったと振り返っている。

早川がロシア中枢部にコネクションを築き、武装化やイニシエーションに使う違法な薬物の製造に利用していたことは本人も認めている。ただし、北朝鮮や暴力団との関係については全面的に否定した。手紙には詳細を記しているが、紙幅の関係で紹介できないのが残念だ。失うものがない早川がうそをついているとは私は思っていない。

◉グル幻想

獄中で早川は、ヨーガやチベット仏教をはじめ精神世界に関するさまざまな本を貪るように読んだ。逮捕から2年で700冊から800冊に達したという。

オウムのどこがどう間違っていたか？　という問いに、早川は一つの答えを出している。

〈グル麻原が自分は人類のカルマを清算する地球規模の救世主であるという救世主幻想とでもいうべきグル幻想（グルのグル幻想）をいだき、それを私達も共有してしまったこと（弟子のグル幻想）、これがオウムの間違いの根本ではなかったかと思います。／（略）こうしたグル幻想がなければ、オウムの凶悪犯罪は起こらなかったのではないかと思います。／ここで「人類のカルマを清算する」というのは、神の裁きとして悪業を積んだ人類のカルマを落とすために人類を裁くというもので、それは殺害も厭わないものです。そういう使命を帯びて、自分は人間界に下りてきたんだという幻想が、グル麻原にはあったわけです。こういう宗教的幻想に弟子達も巻き込まれて、それにとらわれてしまったために事件を起こしていったと思います〉

（早川＋川村、前掲書）

福岡拘置所に移監された後の18年6月、死刑廃止を求める団体の要望に応じて文章をつづっている。これが早川の最後の言葉となった。

〈死刑の基準を明確にすべきと思います。特に共犯がいる場合の基準は、ないに等しいと思います。／オウム事件の場合、共同共謀正犯（原文ママ）だからという理由で、自分では一人も殺していない者が死刑で、自分で二人も殺している者が無期というのは、どうみても公正な裁判とは言えません。（略）／オウム事件のような、グルと弟子という関係性の中で行なわれた犯行は「共謀」という概念にはなじまないものです。私の判決に出ている事件の動機や目的にしても、グルの動機や目的を推察したものであり、それらは、私達、弟子の犯行の動機や目的とはまた違います。私達弟子は、なぜあのような犯行を命じたグルの指示に従ったのかということを語れても、なぜあのような犯行の指示を出したのかということは推測でしか語れません。

これを本当に語れるのは、グルであった松本死刑囚だけです〉（『年報・死刑廃止２０１８　オウム死刑囚からあなたへ』、インパクト出版会、18年）

林（小池）泰男

1957年12月15日生まれ
執行時60歳（仙台拘置所、7月26日）

◉不満分子

目の前のひょうひょうとした穏やかな人物と、凶悪なイメージとのギャップに戸惑った。髪やひげを長く伸ばし、ヒッピーのような雰囲気を醸し出していた時期もあった。初めて面会したのは２００３年12月の控訴審判決後、接見禁止が解除された後だった。何度か面会し、手紙をやり取りした。

精神世界に傾倒したのは、父の死がきっかけだった。人間は何のために生きるのか。死後の世界への関心が深まり、工学院大学卒業間際、インド、東南アジアなどに放浪の旅に出た。内面を見つめ、師を探す旅は３年に及んだ。学生運動の挫折による無力感がキャンパスに漂う中、「自分が変われば社会が変わる」という思想の奔流の真ん中にいた一人だったのだろう。

他の４人の実行犯よりも一つ多い３袋を持って地下鉄日比谷線に乗り、傘で袋を突き刺しサリンを発散させた。一つ余ったサリンの袋を引き受けたのは、みんなが嫌がっているから自分が引き受けようという考えからだったが、その結果、日比谷線では最多の８人が死亡した。

１９９６年12月に沖縄・石垣島で逮捕されるまで逃走を続けた。特別手配されている間、メディアからは「殺人マシーン」と呼ばれていたが、素顔はそれとはほど遠い人物だと私は思う。

「麻原が最終解脱者だとは信じていなかった」「教団への毒ガス攻撃なんてうそだと思っていた」。法廷でそこまで言い切ったのは珍しい。教団内では「不満分子」だったことを教祖に知られていたという。女性信者との破戒行為が暴かれるのを恐れ、殺されるかもしれないという恐怖から、サリン散布の指示を拒めなかった、と公判では教祖に対する恐怖心を強調していた。

神秘体験による呪縛やマインドコントロールを訴える被告が多かった中で、殺される恐怖を訴える主張は際立っていた。長い逃亡期間もあり、麻原の影響下からは抜けているという見方もあった。

しかし、弁護人のそれは少し違った。一、二審を担当した弁護士の中島尚志は、東京大学大学院でインド哲学を学び、裁判官を務めながら仏教の勉強を続けた異色の経歴の持ち主だ。初期のオウム真理教には、日本の仏教とは違う優れた点があったと感じていたが、地下鉄サリン事件をはじめ次々と明るみに出る事件に衝撃を受け、定年を待たずに退官した。弁護士登録をし、四天王寺国際仏教大学で仏教学を教えていた中島に、国選弁護人として林泰男の弁護を担当してほしいと白羽の矢が立ったのだ。

08年2月の上告審判決の直前、中島は東京拘置所で林と久しぶりに接見した。長髪にひげをたくわえた林は、「父が亡くなった年齢と同じ年になりました」と静かに語ったという。中島にとって約4年ぶりの再会。林の表情は明るく、人が変わったようだった。「オウム、特に麻原のおかしさ、間違ったところが分かってきた」と話すのが印象に残ったという。

03年12月の控訴審判決時には、中島は林が教団の影響力からは抜け切れていないと感じていた。「心の底で断ち切れないオウムへの思いがあった。被害者や遺族の心に到達できる状態ではなかった」(中島)

控訴審の最中、林は被害者や遺族への謝罪の手紙を書いては、納得できずに破り捨てるということを繰り返していた、と法廷で明らかにしている。

霞ケ関駅助役の夫が犠牲になった高橋シズヱは、そんな林の態度が身勝手に思えて許せなかった。事件から8年も経ったのに、「きちんとした説明ができるようにならないと手紙を書けない」と被告人質問で説明しているのを聞いて、思わず傍聴席で声を上げた。「(人をたくさん)殺しておいて、いつまでもよく(そんなこと)言えるよ」と叫んだと、後に傍聴していた記者から聞いた。

特別面会人として林と交流を続けてきた作家の田口ランディは、〈林泰男さんが、常に気にかけていたことは「被害者の方のお気持ち」でした。どういう言葉を選んでも、誰かを傷つけてしまうのではないか。自分はこれ以上の罪を犯さないために沈黙したい。そう言い続けていました〉と死刑執行後、共同通信社への寄稿(18年7月27日)で振り返っている。林は、遺族の叫びを受け止めていたのだろうか。

08年2月の上告審判決を前に、いくつかの質問に回答を寄せてくれた。やはりどんな言葉を選んで謝罪を述べても、遺族や被害者を傷つけてしまうのではないかという気持ちが強かったようだ。便箋6枚。心境がためらいがちに書かれている。

遺族に対する思いも書かれていたが、「公開しないでほしい」という意味で、多くに「NG」の印が付けてあったのが印象的だった。

なぜ、教団が無差別テロ事件を起こしたのか。その答えには「NG」はなかった。

〈教祖は弟子に対して「自分のコピーになれ」と教えていました。弟子は「自分」を殺して教祖のマネをするようになるんです。仏教の本来の教えは「自灯明」であって、「自分」を生きることです。オウムでは逆のことを教えていました。特に教祖の身近にいた側近と言われる人々が教祖のクローン＝ミニ教祖となってしまい、それが暴走に拍車を掛けたのかも。歯止めが利かなくなった一つの理由なのかもしれません〉

オウム真理教を改称した「アレフ」と、分派した「ひかりの輪」（上祐史浩代表）に残る信者への言葉もあった。

〈善良であってほしいと願っています。教団の教義を主体とした善良さではなくて、社会的な善良さを大切にして生活してほしい〉

林は獄中結婚をして、小池姓に変わった。

新実智光

1964年3月9日生まれ
執行時54歳（大阪拘置所、7月6日）

◉霊的奴隷

私と同学年である。大学時代から宗教遍歴を重ねた新実智光は、大学4年の時にオウム真理教に入信した。出家番号5番の古参幹部である。省庁制発足後は「自治省大臣」として、脱会信者らの拉致・監禁などを担当した。

「もっとも血なまぐさい役割を担当」と検察から指弾された。実際、拷問やリンチなどの振る舞いを知ると、血に飢えた犯罪者のような印象すら受ける。一連の事件を「慈悲殺人」とも表現し、遺族の神経を逆なでしてきたが、その法廷供述には事件の本質を読み解くヒントがあった。中高生時代、鉄道自殺の現場を2回目撃し、生死について深く考えるようになり、いくつかの宗教団体に所属した。

麻原を知ったのは、雑誌『ムー』（1985年10月号）に載った記事だった。蓮華座を組んだまま飛び上がっている麻原の写真があった。「実践ヨガ　私は驚異の空中飛行に成功した！」という見出しで、麻原が

「オウムの会」代表として、「空中浮揚」体験を語っている。女性がヨーガの行法をしている写真と解説も添えられ、連絡先も書いてあった。

地元の大学を卒業後、いったんは食品会社に就職。新入社員代表であいさつするなど期待されていたが、半年で退職して出家した。22歳だった。87年、2週間の独房修行によりクンダリニー・ヨーガを成就したと麻原に認定され、大師のステージと「ミラレパ」のホーリーネームを与えられた。90年7月には、「マハームドラーの成就」を認定され、正悟師となった。

96年2月27日の初公判で、職業を問われた新実は「尊師の直弟子です」と答えた。罪状認否では2、3秒の沈黙の後、「起訴状については誤りがあります。事件については共謀していませんし、やってもいません。以上です」とはっきりした口調で答えた。被害者への謝罪の言葉は一言もなく、身勝手な態度に、記者席で私は思わず「いい加減にしろ。この野郎」と小さく声を上げてしまい、周囲ににらまれたことを覚えている。

黙秘を貫いていた新実が初めて口を開いたのは、初公判から4年を経た2000年9月の第75回公判だった。私は、この当時の新実の公判を取材していない。法廷に通い傍聴を続けた旧知の宗教ジャーナリストである藤田庄市の著書『宗教事件の内側――精神を呪縛される人びと』などから紹介する。

法廷で沈黙を続けていた新実は、弁護人から説得を受けたという。

01年12月の麻原公判に出廷した際に、新実は〈「オウム正史を語るには、率直に語った方が違う面にスポットを当てられる。『ごめんなさい』もいいが、どうしてやったのかをきちんと証言できるのはあなたしかいない」とわたしの弁護人に諭された。自分の不利や利益を捨てて、当時あったことを述べ、評価は任せることに徹しようと考えた〉（東京新聞、01年12月23日朝刊）と証言している。麻原公判では、ＶＸ事件が麻原の指示だったことを認めた。

黙秘をやめた新実は、沈黙に逃げ込んだ麻原の「代弁者」になったかのように、宗教的確信と、それに基づく殺人行為について堂々と話すようになった。当然、その物言いは遺族や被害者の気持ちを逆なでするものであったが。

坂本弁護士一家殺害事件に関して、事件当時の遺族への気持ちを弁護人に問われた新実はこう答えている。〈「突然亡くなり、身内の方は悲しむと思った。今も同じです。その気持ちはないではないが、輪廻転生という長きにわたる大いなる生命の流れからして、仕方ないというよりも、（殺害を）やるのが魂の救済と考えた。現時点で（救済を）確定させるには、自分の修行が大切と考えます」〉（前掲書）

殺すことにより麻原と縁ができ、来世において救済されるというあまりにも身勝手で独善的な宗教的確信。新実はそれを一切疑っていない。

「もう一度、殺害を指示されたらどうするか」と被告人質問で問われると、「熱心に誠意をもって、自分自身がポアされることになっても喜んで実践したい」と答えた。〈論理や宗教談義のレベルでなく、現実の殺人宗教としてここまであからさまに宣言した宗教が、これまで日本に存在しただろうか〉（前掲書）と、藤田は驚きの言葉を書き留めている。

「グルの指示なら、人を殺すことに喜びを感じるのが理想」「自分が死刑になってまで事件をやるなんて、慈悲の心がなければできない」「死刑は仏教では殺生という業。裁判官や検察官が殺生するなら地獄に落ちると覚悟してほしい」と新実は自身の法廷で堂々と語った。

なぜ、平凡な青年がここまで心をからめ捕られてしまったのか。藤田は〈入信以来、新実は麻原の宗教言説下、過酷な修行とワークのなか、神秘体験を重ねてグルの霊的奴隷となった。だが、それは、単に麻原の言いなりになるというような生やさしいものではなく、殺人イコール救済なる教義のもと、実際に手を掛け人を殺めるごとに、信と帰依をいっそう「深化」させてきたのである〉（前掲書）と指摘している。

林泰男の弁護人を務めた中島尚志は、法廷で証言する新実の姿を見て、〈麻原がつくり出そうとした典型的な人間〉（『オウムはなぜ消滅しないのか』、グッドブックス、15年）と看破した。

◉二審では宗教的動機を追究

控訴審では、新実の「宗教的動機」に迫ろうと、チベット仏教を専門とする宗教学者を証人に呼び、３日間にわたって尋問した。通常、控訴審は一審の事実認定に大きな誤りがない限り、数回の審理で結審する。控訴審でここまで丁寧に事件の背景を探ろうとしたのは異例だった。

原田国男裁判長は、「事件を矮小化しても、普通の、それも善良だったとも言うべき青年が、なぜこのような凶悪・重大な罪を犯すに至ったのかという基本的疑問に何も答えることはできない」との立場を述べた。退官して弁護士になっている原田に、私は新実の死刑執行後、会いに行った。

「彼のような青年が、どうして26人もの殺人にかかわるようになったのか。それが分からないと、また同じような事件が起きるかもしれないと考えたのです。オウムはどういう宗教なのか。宗教じゃないという人もいる。なかなか証人になってくれる人はいなかったが、宗教学者の話をまず聞いてみようと。

控訴審で新実は謝罪したんですよ。でも、正しいと思ってやったなら謝るのはおかしい、と私としては珍しく語気鋭く言いましたよ。どうして彼が殺人にかかわるようになったのか、結論は分からなかった。ただ、本人は感謝していたね。一審は事実関係を、二審は事件の背景をよく調べてくれた、と弁護士を通じて聞きました」

死刑確定後、15年に東京地裁で開かれた元信者・高橋克也の公判で証言するために法廷に姿を見せた新実は、VX殺人について「教団の妨害活動をする人物がいるので『神通力（VXの隠語）を使ってポアしろ』と言われました」と教祖からの指示を明確に証言した。

「アレフ」信者だった女性と獄中結婚した新実は、妻との面会を楽しみにしていたという。執行前後の様子をこの女性がブログで明らかにしている。新実は恩赦の出願を18年5月23日付で出していた。裁判で主張したように、自らは内乱罪に当たる、ということだった。

中川智正

1962年10月25日生まれ
執行時55歳（広島拘置所、7月6日）

◉「消えてなくなりたい」

1989年11月4日未明。豆電球だけが灯ったアパートの寝室で、中川智正を除く実行犯のメンバー5人が坂本堤弁護士一家3人に襲いかかった。塩化カリウムを注射する役目だった中川は、遠藤周作の小説『海と毒薬』の一場面を思い出していたと法廷で語っている。

撃墜され捕虜となった米軍の爆撃機の搭乗員を、生きたまま解剖せよと軍に命じられた医学生の葛藤を描いた小説だ。「生体解剖の時の主人公もこんな気持ちだったのかな。このまま自分は何もしないでいられたらいいのにと思いました」と、法廷で明かした。

しかし、龍彦の泣き声が中川を現実に引き戻した。「静かにさせろ」と誰かが叫んだ。近くにいた中川は小さな口と鼻を押さえた。しばらくすると、ぐったりして動かなくなった。早川紀代秀は、犯行直後の中川の様子を自身の公判で語っている。

「中川君はショックを受けていました。遺体を運び出した時、『は、は、は。子どもを殺してしまいました』とおかしくなった状態で私に言った。『我々も同じだよ』と彼をなぐさめました」

出家からわずか2カ月。その後も、医師の資格を持ちながら、取り返しのつかない犯行を重ねた。関与した11事件の犠牲者は25人に上る。

坂本弁護士一家殺害事件の初審理では、「消えてなくなりたい気持ちです」とつぶやくように語った。出家後間もなく事件に関与した中川にとって、麻原と最後まで運命をともにするしか道はなかったのだろう。逮捕後に脱会、医師免許も返上したが、長い間、麻原を「尊師」と呼び続けた。

岡山市内の洋服販売業を営む家の長男として生まれた。理科が好きだった少年は、読書を重ねるうちに科学の限界を感じ始めていた。「とりあえず医師免許を取って、飽きたら転職しよう」。そんな感覚で京都府立医科大学に進学した。車いすの障害者を介護するボランティア活動などを行いながら、多くの友人に囲まれた学生生活を送り、大学5年の時には、学園祭の実行委員長も務めた。

オウム真理教に入信したのは、在学中の88年2月。教団主催のコンサートに参加した後の、光が身体の中を上がったり、身体が分裂したりするような神秘体験がきっかけだった。

4月に医師国家試験に合格し、大阪市内の病院で消化器内科の研修医として勤務中の89年8月に出家した。人の命を預かる医師という職業を捨てて出家したのはなぜか――。その経緯を中川が、医師としての先輩である林郁夫の公判で証言したことがある。

法廷証言によると、中川がオウムの世界に引き込まれていくきっかけは、自身の身体に起きた変化だった。研修医として中川は、ガン患者をはじめ約30人の入院患者を担当した。しかし、病人に接触すると、精神的にも肉体的にも患者と同じような症状が自分の身体に表れ、苦しくて手術室で倒れてしまう。幻聴や幻覚など非日常的な感覚も続いた。2カ月間、病院を休んだ後に出家した。出家の動機は、普通の生活を送れなくなったからだと、彼は証言している。決して希望に燃えて出家したのではなかった。

法廷では、いつも穏やかな表情を浮かべていた。他の被告の裁判に証人として出廷する際には、被告に向かって笑いかける場面も多かった。かつての仲間に「元気か」と目で語りかけているような柔和な顔だ。「とても温かい人」「面倒見がよく懐が深い」。中川を知る元信者の誰に聞いても悪く言う人は一人もいない。坂本弁護士一家殺害の実行犯、地下鉄、松本両サリン事件などでも中心的な役割を果たした中川のイメージとは、まったく重ならない。

麻原の呪縛は簡単には解けなかった。教祖への帰依という鎧で心を固めようとしているかに見えたが、中川は2001年6月の麻原公判に証人として出廷した際にこう証言し、証言台に突っ伏し、声を上げて泣きだした。

〈教団はシバ大神や真理勝者方の名を標ぼうしていたと思うが、それがこんな状況になって、尊師、どうお考えなんでしょうか。ぜひ、何らかの形で、わたしたちに、信じていた人たちに示してほしい。わたしたちはサリンをつくったり、ばらまいたり、人の首を絞めて殺したりとか、そんなことのために出家したのではない〉(東京新聞、01年6月24日朝刊)

◉巫病《ふびょう》

一審の途中で弁護人が交代し、起訴内容を全面的に争う方針に転じたことで、中川の裁判は長期化した。03年10月の一審判決は求刑通り死刑。07年7月の東京高裁判決は、中川が精神疾患にかかっていた可能性を認めながらも、責任能力はあったとして死刑判決は覆らなかった。11年11月の上告審判決も、極刑の結論は変わらなかった。控訴審判決前、中川は短歌を弁護団に託した。

〈あの人が　あの人がというは　終りなり　我がなしたこと　我が前で見る〉

弁護団は「あの人とは麻原死刑囚のこと。麻原死刑囚が語らぬまま判決を迎え、終わったことへのむなしさや、自らの罪を直視する決意を表現していると思われる」と解説した。罪に問われた仲間たちに対し、教祖のせいにするのではなく自らの責任を直視せよ、というメッセージとも読める。長い時間をかけて、「尊師」から「麻原氏」へと呼び方も変わった。

控訴審以降に、中川の出家前の不思議な体験について、弁護団は精神医学的な検討を進め、「巫病症候群」の典型であるとの結論を得た。巫病とは文化人類学などで用いられる概念で、沖縄のユタや青森のイタコなどの研究蓄積があるという。

巫病の状態に陥ると、何者かが人格に入り込んだようになり、はたから見れば精神に異常を来したとしか思えなくなる。高裁は、中川が「解離性障害」にかかっている可能性は認めたが、刑事責任能力に疑問があるとまでは言えない、と判断した。

中川で特筆すべきは、サリンやVX製造に関与した責任を果たそうと、独自の動きをしたことだ。死刑判決が確定した後も、毒性学の世界的権威で松本サリン事件の捜査にも協力したコロラド州立大学のアンソニー・トゥー名誉教授や、米政府のテロ対策のシンクタンク関係者からの接触にも積極的に応じてきた。トゥー名誉教授の勧めで化学の専門誌にサリン製造の経緯を執筆したこともあった。

17年2月に北朝鮮の故・金正日総書記の長男である金正男が、マレーシアのクアラルンプール国際空港で殺害された際には、症状などからVXが使用された可能性があるとの見解を真っ先に明らかにし、教授を通じてメディアにも大きく取り上げられた。

また、京都府立医科大学の職員だった俳人の江里昭彦と二人で俳句同人誌『ジャム・セッション』を発行し、俳句を発表していた。二度と娑婆には出られない死刑囚としての心境を託した句もある。執行後に発刊された13号で、「古里を通過して」と題して、東京拘置所から広島拘置所に車で移送されたことを句にしている。

〈東海もわが山陽も山笑う〉〈東京よりはや花だより安芸の獄〉〈わが骨をわけるわけかた春の泥〉〈沈みつつまた獄窓の春の月〉

護送車で高速道路を乗り継ぎ、車酔いで食事も取れず、体重は5キロ減ったという。

朝、窓の外で鳴く雀の声を聞くのは十数年ぶりだった。03年に東京拘置所が改築されるまでは、虫の声がどこからか聞こえてきたが、長い間、自然の音から遮断された環境で生活していたのだ。

一審の途中まで弁護人を務めた河原昭文弁護士は、広島拘置所に移送された後の中川と7回会った。化学専門誌に掲載する原稿を執筆したり、再審請求の準備をしたりと忙しい日々を過ごす中川を見守っていた。8回目の接見予定が7月6日だった。中川は、年内執行は覚悟していたが、国会開会中はないだろうと予測していたという。河原が7月6日、接見のために広島拘置所に向かおうと岡山市の事務所を出た時に、死刑執行のニュースが入った。

東京新聞によると、江里は遺族とともに執行の2日後と3日後の両日、中川の遺体と対面した。拘置所の職員から聞いた話によると、執行のため独房から出された中川は、職員が腕を取ろうとしたが、「身体に触れなくてもよい。自分で歩いて行く」と断ったという。控室に用意された菓子や果物には手を付けず、お茶を2杯、飲んだ。

外部に伝えたい言葉を問われると、「支援者、弁護士に感謝しております」「自分のことについては誰も恨まず、自分のしたことの結果だと考えている」「被害者の方々に心よりおわび申し上げます」「施設の方にもお世話になりました」と語った（18年7月13日朝刊）。死亡確認時刻は6日午前8時57分。東京で火葬してほしいという遺言により、遺体は東京の斎場に運ばれて火葬された。

中川と十数回接見したトゥー名誉教授の『サリン事件死刑囚　中川智正との対話』（KADOKAWA、18年）が死刑執行後、間もなく刊行された。自分の執行後に出版してほしいと遺言を残していた。サリンやVXなどの化学兵器の開発について、中川はトゥー名誉教授に詳細に語っている。

中川の居室に走り書きの紙が残されていたという。

気遣いの人らしい言葉だった。〈最後までありがとう
みんな本当にありがとう　7／6朝　お別れです
みなさんありがとう〉（読売新聞、18年8月26日朝刊）

土谷正実

1965年1月6日生まれ
執行時53歳（東京拘置所、7月6日）

◉「その手を切って下さい」

1997年2月、土谷正実の公判に、地下鉄小伝馬町駅で事件に遭遇し、犠牲になった岩田孝子（33歳、当時）の母キヨエが出廷した。その光景は今も私の心に刻まれている。土谷は証言の途中まで目をつぶったままで、裁判の進行など我関せずといった不遜な態度だった。その姿を見てキヨエは大きな声を出した。

「目を開けて下さい。娘を殺された母はこんな顔をしています」

その瞬間、土谷は初めてまぶたを開いた。涙で顔をぐしゃぐしゃにしたキヨエと一瞬だけ目が合った。その表情にわずかに動揺が走るのを私は見た。しかし、それは一瞬。すぐに無表情に戻った。彼が法廷で人間

らしい感情を見せたわずかな瞬間だった。

続いて出廷した若い女性が、父親を奪われた悲しみを涙ながらに叫んだ。

「ただ、死刑にするなんて考えられない。サリンをつくったその両手を切り落として下さい。人を助けるために手はあるんでしょう。なぜ、人を殺すために使ったんですか！」

土谷は目をつぶったまま二度と表情を変えることはなかった。しかし、内心は激しく動揺していた。14年後の２０１１年に開かれた上告審判決の前に、共同通信社に寄せた手記の中で、遺族の証言を聞いた時の心境をこうつづっている。

〈帰依心が揺らがないよう懸命でしたが、耐えられませんでした。私がいなければ、オウム真理教がサリンを保有することはあり得なかった。何と言えばよいのか言葉が見つかりませんでした。「すいませんでした」では、あまりにも軽すぎる〉（東京新聞、11年2月16日朝刊）

18年3月に開かれた地下鉄サリン事件から23年の集会の後、私は会場に来ていたキヨエに声を掛け、あの日のことを聞いてみた。

「土谷がずっと下を向いているから寝ているように見えたんです。私って、何でも思ったことを言ってしまうのよね。林泰男が出廷した時は、後ろから殴りかかろうとして止められたのよ。よほど怖い顔をしていたんでしょうね」。長い年月を経たからこそ、笑顔で振り返ることができるのだろう。オウムの死刑囚の刑が執行される前には死にたくないと言っていたキヨエの夫は、07年に亡くなったという。

逮捕後、土谷は、麻原の説法通り「国家権力の陰謀」が判明すると期待していたが、捜査が進展するにつれて逆に麻原のうそが次々と明らかになった。良心の呵責によって葛藤し、麻原から気持ちが離れそうになったが、初公判前に宗教的体験があり帰依心がよみがえったという。

専用の実験施設「クシティガルバ棟」を与えられて、サリンや猛毒のＶＸなどを次々と開発してきた土谷は、初公判で職業を「麻原尊師の直弟子」と答え、起訴事実への認否を問われても黙秘した。土谷が初めて重い口を開いたのは、麻原の初公判が終わった直後の96年5月17日に開かれた自身の公判だった。

「出家を果たして以来、麻原尊師は私に多くの秘儀を伝授してくださいました。数多くの弟子に至上の宝とも言うべき数々の体験をお与えになられ、究極の真理の道を指し示された偉大なるグルに巡り会えたことを私は心から誇りに思っております。そして、麻原尊師への帰依を貫徹し死ぬことこそ、私の天命であると考えております」

こう言った後、彼は再び沈黙に転じる。足を広げて、けだるそうに被告人席に座る土谷の態度は、自分の罪が裁かれているとの認識があるとはとても思えなかった。00年4月と01年1月に、私選弁護人を解任したこともあり、審理が長期化していた。

検察官に「死刑にしろ」と罵声を浴びせるなど、罪と向き合うそぶりもない土谷に対し、検察側は論告で「悪魔に魂を売り渡した殺人化学者そのもの」と厳しく糾弾した。

実行犯ではなく、サリン散布の謀議にも加わっていなかったが、04年1月30日の東京地裁判決で、服部悟裁判長は「地下鉄事件では捜査段階の供述で、自分が製造したサリンが近い将来に地下鉄を含む東京都内で使われることを知っていたと判断できる」として、土谷に死刑を言い渡した。

判決言い渡しの間、土谷は傍聴席に来ていた教団関係者に身体を向け、何度も笑いかけるなど、判決をまともに聞こうともしなかった。死刑執行のその瞬間まで麻原に忠誠を誓い続けるのだと私は思っていた。ところが、上告審になって弁護人が代わると、一転、土谷は6事件すべてへの加担を認めた。

最高裁は11年2月、上告を棄却。「殺人行為に直接かかわっておらず、犯行の具体的計画を知らなかったとしても、松本サリン事件で悲惨な結果が発生したことを認識しながらもサリンやVXの生成を続け、地下鉄サリン事件などを引き起こした」と指摘。「被告人の豊富な化学知識や経験を駆使することなくしてこれらの犯行はなし得なかった」と指弾した。

◉麻原は詐病

サリンやVXだけではない。土谷は、ソマン、イペリットなどの化学兵器の製造に成功していた。法廷で黙秘を貫いたため、彼がなぜ、命じられるまま次々と毒物を作り出したのか、一、二審では明らかにならなかった。

最高裁に宛てた上申書で、その理由の一端をうかがい知ることができた。坂本弁護士一家殺害事件は「オウムを陥れるための国家権力による陰謀」との麻原らの言葉を信じ込んでいた。それゆえ、「オウムを守るため」という大義名分が使命感になったというのだ。92年11月、麻原から土谷に「化学をやるように」と指示があった。

〈麻原は常々、「坂本弁護士事件はオウム真理教を陥るための国家権力による陰謀である」と説いていて、私を含めほとんど全てのサマナ・信徒がこの麻原の言葉を信じていましたし、（略）村井は「国家権力から攻撃を受けることを想定して、自衛のため武器を持つ」として私に化学兵器製造を指示してきた訳ですが、私には心底からのものすごい抵抗感があり「実験室に行こうと思っても、足が前に出ない」というほどでした〉（土谷、上申書）

筑波大学大学院化学研究科修士課程修了、博士課程中退。出家前、土谷は「オウムは大学以上の設備が整っている。20時間も研究できる」「麻原尊師から、君は才能がある。教団のために働かないかと誘われた」などと周囲に話したと伝えられている。教団の「厚生省大臣」遠藤誠一と対立し、「第二厚生省大臣」に就任した。

「動物を殺すと悪業になるから動物実験はしない。今の人間は動物より悪業を積んでいる。だから効果は本番で試す」。法廷で明らかにされた捜査段階での土谷の供述からは、人間に対する深い憎悪の感情が伝わり、麻原の破壊願望に通底するものを感じさせる。その根源はいったいどこにあるのか知りたいと思ったが、最高裁への上申書でも明らかにされなかった。

上告審判決を前に朝日新聞に寄せた手紙（11年2月15日朝刊）によると、02年から03年にかけて麻原公判に出廷した際、麻原に「堂々と証言してほしい」と願っていたが、被告人質問でも麻原は何も語らなかったことから、弟子を放って逃げたのではないか、という疑念がわき始めたという。帰依心がはっきりと崩れ始めたのは、麻原の一審判決での挙動を記した雑誌を読んだ時だった。自分が出廷した際、麻原は証言内容を理解し、裁判長の反応も気にしていた。その1年後の一審判決時の記事を読んで、土谷は麻原が詐病に逃げたと思うしかなくなったという。

土谷と交流があり、13年まで面会を続けていた作家の大石圭によると、面会の中で麻原の話になった時、土谷は〈「麻原に会いたい」〉と強い口調で言い、〈「胸ぐらを摑んでやりたい」〉〈「詐病をやめろ、おしめを外せ、本当のことを話せと言いたい」と、顔をぶるぶると震わせ、怒鳴るような大声で〉言った（大石、前掲書）。麻原が何も語らなかったことに裏切られた、だまされたと感じ、麻原を心の底から憎むようになっていた、という。

再審請求をしなかったのは土谷と端本悟の二人だけだった。09年に獄中結婚。妻となった女性が心の支えになったようだ。しかし、彼女が仕事の関係で面会に来られなくなると精神が不安定になった。土谷は死刑が執行される前の2、3年は精神を病み、突然、扉を蹴っては絶叫することを繰り返し、保護房に入れられることも多くなったという。

遠藤誠一

1960年6月5日生まれ
執行時58歳（東京拘置所、7月6日）

◉生物兵器の開発者

遠藤誠一のホーリーネーム「ジーヴァカ」は、名医として知られた釈迦の侍医から取ったと言われる。しかし、遠藤がやったことは人の命を救うどころか、ボツリヌス菌や炭疽菌を使った生物兵器の開発だった。地下鉄サリン事件で使用されたサリンは、遠藤の手によって「ジーヴァカ棟」で製造された。

北海道出身。帯広畜産大学大学院でウイルス学や遺伝子学を研究した。当時の教官は「世界的に活躍する研究者になる資質があった」と振り返る。京都大学大学院に進み、エイズウイルスの研究などにかかわっていた1987年、教団の前身「オウム神仙の会」に入信した。麻原の著書『生死を超える』を読んで感銘を受け、現代の科学への限界も感じていた。

神奈川・丹沢の集中セミナーでシャクティーパットを受け、科学が対象としている以外にも未知の世界があることを実感したという。博士課程修了直前の89年に、「インドでヨーガの修行をしたい」との言葉を残して研究室を去り、出家した。

教祖の血液を飲む「血のイニシエーション」の効果をDNA分析によって証明した、と主張したこともあった。教団では古参幹部の一人で、正悟師という高いステージを与えられていた。京大大学院という肩書を、教団は最大限利用しようとしたのだろう。

教団内での地位を上げたい、という功名心が強い人物と周囲からは見られていた。サリンやVXなどの化学兵器の開発で実績を挙げた土谷正実とは、いがみ合っていた。化学兵器の開発を妨げないように、麻原の裁定で教団の「厚生省」は第一厚生省、第二厚生省と分割され、遠藤と土谷がそれぞれトップに就任した。

遠藤はＬＳＤなどの違法薬物製造に関与し、「イニシエーション」と呼ばれる宗教的儀式を開発した。

遠藤が麻原の指示で製造にかかわった生物兵器は、ほとんどが開発に失敗した。化学兵器を次々と開発した土谷とは対照的だ。

炭疽菌には、無毒化された家畜用のワクチン株と有毒な株がある。有毒株は入手困難なため、遠藤は入手可能なワクチン株の遺伝子に手を加えることで有毒株に転換できると考えたが、うまくいかなかった。気球に搭載して世界中にばらまこうとしたボツリヌス菌の培養にも失敗した。化学兵器を上回る強い毒性を持つボツリヌス菌や炭疽菌が実際に製造され使用されていたら、どれだけ多くの被害が出たか想像もつかない。

最高裁で死刑判決が確定した後、米国のテロ対策のシンクタンクが中川智正や土谷に面会して、化学兵器の開発について話を聞いている。シンクタンクは生物兵器の開発にも強い関心を示し、遠藤にも接触しようとしたが、遠藤は一切、協力しなかった。

遠藤は、捜査段階では、麻原の指示も含めて早い時期に全面自供したとされ、公判で起訴事実を認めた上で謝罪、「真実を語る」と述べた。しかし、裁判が進むにつれ遠藤の心は大きく揺れた。当時の弁護人によると、揺れの振幅が最も激しくなったのは、麻原公判に証人申請されたことが分かった時だったという。

遠藤は裁判が先にどんどん進んでしまうことを不安に思ったのかもしれない。この弁護人を解任し、それ以降の法廷での態度は、「実行役ではなく医療班だった」（松本サリン事件）など、自分の関与をいかに小さく見せるかに腐心していたように映る。

96年10月３日、麻原公判に出廷した遠藤は、一瞬だけかつての師に視線を向けた。「地下鉄サリン事件を知っていますか」という検察官の尋問の際、遠藤は裁判長に「ちょっと読み上げたい文があるんですが」と言って、証言台の机に置いた便箋に手をかけた。その手が小刻みに震える。「それでは本日の証言を拒否します」と言い放った。

控訴審の法廷では「死刑になるのは12人だけでよい。尊師を死刑にしてはいけない」などと、麻原を崇拝する姿勢を鮮明にした。

遺体は「アレフ」の施設（東京・足立区）へ搬送された後、埼玉県内で火葬された。遠藤は執行前、遺体の引き取り先に「アレフ」を指定し、散骨を希望していたという。

豊田亨

1968年1月23日生まれ
執行時50歳（東京拘置所、7月26日）

◉生きていることが申し訳ない

法廷で感情を表すことがほとんどなかった。起伏のない沈んだ声。事件を淡々と振り返りながら、頻繁に紙コップの水を飲み干す姿は、取り返しのつかない犯罪の実行犯となったことに、いまだに心の整理がついていない印象も受けた。初公判でつぶやくように語った場面を思い出す。

「犯行時のことを考えると気が狂いそうに（証言ママ）なります」

幼いころから「苦」や「死」に対して敏感だった。死について一つの解答を与えている仏教の輪廻思想に関心があった。東京大学に入学し、当時、出版されたばかりの麻原の著書『超能力「秘密の開発法」』を書店で手に取った。「ヨーガなどの修行によって自分の能力が伸ばせれば」という程度の軽い気持ちから、「オウム神仙の会」への入会手続きを取った。

修行にはあまり熱心ではなく、出家の誘いも一度は断っている。自分がつくってきた人間関係などをすべて断ち切ることにためらいを感じていた。当然の逡巡だろう。それでも出家に踏み切ったのは、麻原から直接勧められたからだ。

村井秀夫から地下鉄でサリンをまく指示を受けた時の心境を一審の法廷で聞かれた時、豊田亨は「指示は救済であり、通常の思考では計り知れない深い意味があると思っていた。断ったらどうなるとか考えなかった」と述べ、犯行時の心の葛藤を次のように説明している。

「これは教祖の指示に違いない。そして、それは善なのだからやるしかない」「私はとんでもないことをやろうとしているのではないだろうか」「いや、教祖の指示は救済だ。やはりやるしかない」「そもそも、どうして私がこのようなことを……」

こんな思いがどっと自分に押し寄せ、結果として何も考えられない状態になっていた。サリンを発散させた後の被害の大きさは、考える余裕すらなかったという。当時の心境を聞かれる時、豊田の証言は判で押したように同じだった。

「やりたくないという気持ちはありました。しかし、指示された以上はやるしかないと思いました」「正しいとか間違っているとかは考えない。上からの指示は無条件に従うものだと考えていた」

豊田もまた黙秘をしていた。供述を始めた理由は、広瀬健一と同様、被害者の調書などを読み、自分の行為に耐えられなくなったからだ。脱会したのは1995年10月。麻原が私選弁護人を解任し、初公判を引き延ばしたことがきっかけだった。翌年11月、麻原公判に出廷した豊田はこう語っている。

「かつての松本被告は『宗教的確信は自分が断頭台に立っても揺るがない』と説法していました。第1回公判でひょっとしたら事件の背景や宗教的な確信が語られるのではという期待があったが、ああいう（延期という）結果になった。自分のやったことが救済であると盲目的（証言ママ）に思い続けることができなくなりました」

不規則発言などで法廷を混乱させ続ける麻原を、「かつて最終解脱者と自任してきた人間の発言だと思うと、コメントするのも悲しい気がします」と淡々とした口調で批判した。自分自身の罪の重さにも言及した。

「取り返しのつかない犯罪、人間として許されない行為だった。自分の愚かさを後悔してもしきれない。取り調べで遺族の方が『犯人を殺してやりたい』と言っていると聞いた。まったく当然で、今の自分は殺されることすらできない。今、こうして生きていることが申し訳ない」

◉あなたはグルなんですか

麻原は弟子の公判で一度だけ、意味のあることを述べている。それが豊田と杉本繁郎の公判だった。99年9月23日、弁護人の機転で麻原に証人としての宣誓書を書かせることに成功した。

麻原は〈地下鉄サリン事件について「私は地下鉄の『ち』の字も話していない」などと、あらためて無罪を主張〉、リムジン謀議については〈「『強制捜査はあるなあ。あとでじっくり考えよう』ということだった。これが事前謀議とされてしまった」（略）「いいかげんな調べで私を逮捕したらいかんのだよ」〉と言い放った。さらに教団が導入した省庁制について〈「解脱が目的だったが、私の権限が弱まり、みんな変な方向に走ってしまった」と説明、事件は幹部による暴走であると強調した〉（東京新聞、99年9月23日朝刊）

弟子に罪をなすりつけようとする態度に杉本は怒りを爆発させ、豊田も続いて発言した。

〈あなたはグルなんですか。グルじ

ゃないんならはっきりとさせたらどうですか。（略）／あなたの態度を見ていると、自分の公判が長引くのに安住して、現実から逃避しているだけにしか思えないんです。どうなんだ〉（降幡賢一、『オウム法廷⑩地下鉄サリンの「実行犯」たち』、朝日新聞社、２００２年）

豊田が見せた数少ない感情の発露だった。この出廷以降、教祖は法廷で一切証言しなくなった。豊田は11年12月に再審請求を申し立て、17年11月に棄却された。東京高裁での抗告審では、精神科医である昭和大学の岩波明教授の精神鑑定を受けた。

〈オウム真理教の信者たちの精神状態は「妄想」としか評価できず、正常な判断ができなかったのだから責任能力には問題があり、少なくとも死刑を回避すべき〉（『オウム死刑囚からあなたへ』）との結論だった。

横山真人

1963年5月16日生まれ
執行時55歳（名古屋拘置所、7月26日）

◉死者ゼロでも死刑執行

法廷でほとんど語らず、死刑執行された13人の中で最も目立たない死刑囚が横山真人だった。彼がサリンを発散させた地下鉄丸ノ内線（池袋方面行き）では、死者は一人も出ていない。弁護側は傷害罪にとどまるとの主張をしたが、裁判所は共謀共同正犯であるとの検察側の主張を追認した。

一審途中から黙秘に転じ、最終弁論で「いくらおわびしても、償いができるわけではない思いから悩んできました」と小さな声で述べた。二審はずっと黙秘したままだった。東京高裁の裁判長だった弁護士の原田国男は、「心を開いてもらおうといろいろと声を掛けたがだめだった」と振り返っている。

東海大学工学部応用物理学科を卒業後、電子部品メーカーに就職した。会話が苦手で聞き役に回ることが多かったという。漠然と生きることにむなしさを感じていた中で、麻原の著書に感銘を受けて入信。１９８９年５月、会社を退職して出家した。麻原から自動小銃製造の責任者に指名されると作業に没頭。自室にこもり、誰とも会わず、気絶するように眠るといった生活を続けた。

比較されるのは、同じ実行犯で無期懲役が確定した林郁夫だ。林がサリンを発散させた地下鉄の路線では二人が亡くなっている。林は教団内で「治療省大臣」

の立場にあり、横山被告は何人かいる「科学技術省次官」の一人。起訴された事件も林の6事件に対し、横山は2事件と少ない。

横山が傘で突き刺すことができたのは、2袋持ったサリンのうち1袋だけだった。もう一つはサリンを包んだ新聞紙が立つような形になり、突き刺せなかったのだ。上告審で弁護人は「極限において被告人の本来の人格が本能的に現れた」と反論したが、最高裁判決は「被告人が結果的にサリンの袋を一つしか突かなかったことは、多分に偶然の結果」にすぎないと一、二審判決を追認した。

検察が林に極刑ではなく無期懲役を求刑したのは、林が地下鉄サリン事件の全容をいち早く自供したことが「自首」に相当すると判断したからだ。確かに林の供述がなければ事件の全容解明にはさらに時間を要したはずだ。

池田大作創価学会名誉会長を狙ったサリン攻撃に失敗し、瀕死の重傷を負った新実智光の治療を通じて、林はサリンの威力を知っていた。横山はサリンのことを「人を殺すものとは知らなかった」と殺意を否認している。

法廷で号泣し、自らの罪を悔いた林の言動は劇場にいるようで、その場にいたものの琴線を揺さぶった。横山は内向的な性格で、反省の気持ちをうまく表現できる術を持たなかった。サリンの袋を一つしか突かず、死者も出していない横山が、林のように自分自身の反省の気持ちを素直に表現できる演劇的な素養を持った人間だったら、死刑回避もあり得たのではないか。

一審の東京地裁判決は、殺意や共謀、マインドコントロール論など弁護側の主張をことごとく退け、共謀共同正犯が成立すると認定した。実行行為の一部しか関与していなくても全体の責任を負うのが共謀共同正犯の法理である。しかし、林の無期懲役と比べると、あまりにバランスが悪い。宗教的確信に基づくような事件では、共謀共同正犯という刑事法の考え方をストレートに適用することの是非は、あらためて議論されるべきなのではないか。

仮釈放制度がある日本では、無期懲役は終身刑ではない。オウムの無期懲役囚の場合、限りなく終身刑に近い処遇になると予想されるが、出所できる可能性はゼロではない。死刑とは天と地の差がある。

95年12月の一審初公判で、横山は殺意を否認した。その後、黙秘に転じた。「控訴しない方が被害者に納得してもらえる」と話したが、弁護人に説得されて控訴した。控訴審でも沈黙は変わらなかった。

弁解はせず、命をもって償う、という態度を貫いたが、弁護団によると、上告が棄却されるまでの間、「何のためにあそこ（地下鉄）に行っていたのだろう」「おわびの言葉を伝えることは小手先のことのような気がする」「毎日謝罪文を書いている被告人がいるが、房内では看守に横柄な態度を取っていたりする。何のための謝罪だろうかと虚しくなる」「死ぬことがまったく平気かといったら、迷うことはある」などの煩悶を繰り返していたという。

◉取り調べでの暴行

横山は、取り調べを受けていた警視庁荏原署で警察官3人から暴行を受けたと訴えていた。被告人質問の中で、95年5月の取り調べ中に、こぶしで顔面を殴られるなどの暴行を受け、「唇や口内から出血し、折れた3本の歯を吐き出した」と述べていた。

再びこのような取り調べを受けることを恐れ、警察官が勝手に作文したいわゆる「白紙調書」に署名を求められ、応じたという。捜査を担当していた検事は一審で証人として出廷。警察官の暴行があったことを事実上認めた。

警察官も証人として出廷したが、いずれも暴行を否定した。「目の前で警察官が偽証するのを見て、絶望したのかもしれない」と裁判所関係者は振り返る。

自分の気持ちを表現することが苦手な上に、警察官からの暴力があればなおさら心を閉ざしてしまう。重大事件であればあるほど、取り調べには注意を払うべきだった。暴力を伴う取り調べからは真実は得られない。

横山は麻原公判に出廷したが、証言を拒否した。その間、ずっと涙を流していた。いつも弁護人にはこう話していたという。

「誰にどう伝えても、理解してもらうことはできない」

端本悟

1967年3月23日生まれ
執行時51歳（東京拘置所、7月26日）

◉「子どもだけは……」の声が忘れられない

出家後間もなく、端本悟は、坂本弁護士一家殺害事件の実行役に加えられた。早稲田大学法学部在学中は弁護士を志していた彼が、弁護士とその家族の殺害に加担してしまった。

どこかで引き返せなかったのか。獄中でずっと自問自答を繰り返した。教祖を絶対視するようにつくり上げた教義の陥穽《かんせい》に、彼もまたはまり込んでいた。

早大在学中に入信、21歳の時に出家した。きっかけは、先に出家した友人を思いとどまらせるために麻原の著書を読み始めたことだったという。「すごく実践的で、具体的な体験談が書かれているところが魅力だった」という入信理由は、他の若い信者と大差はない。

端本が坂本弁護士の襲撃メンバーに加えられたのは、教団の武道大会で優勝し、空手の達人として教祖の警護役に抜擢されたことがきっかけだった。「坂本弁護士を倒してくれればいい」。そう命じられた端本は、他の実行犯とともにアパートに侵入、坂本に馬乗りになり、あごの付近を無我夢中で6、7発殴った。妻の都子に指を強くかまれ、腹部にひざ落としを加えた。『子どもだけは……』という都子さんの声が忘れられない」と法廷で端本は頭を抱え込んで嗚咽した。

新潟、富山、長野と遺体を3カ所に埋めて戻った時、教祖の言葉に愕然とした。「坂本弁護士は地獄に、奥さんと子どもは餓鬼と動物に転生する」と聞いたからだ。魂を高い世界に引き上げる「ポア」であり、救済だと信じていた。

「単なる殺人で終わったら、僕は人格破綻しなきゃいけない」（公判供述）。教祖への不信感が芽生えたが、事件にかかわった以上、教団に残り、教祖と行動をともにすることしか選択肢はなかった。朝起きて「夢であったら」と何度も思ったという。3人を殺めたのは現実だった。

1990年春、富士山総本部で警備中、「被害者の会」の活動をしていた両親に出会った。「オウムはこんなことまでする団体だよ」と差し出されたパンフレットは坂本弁護士の事件に触れていた。「親孝行と信じて出家したのに、事件に関与したと知ったらどう思うだろうか」。両親と別れた後、一人で泣いた。91年3月には教団を抜け出し実家の前まで戻った。しかし、事件のことが思い浮かび、引き返してしまった。94年6月の松本サリン事件の直前にも脱会を考えたが、教祖の呪縛は簡単には断ち切れなかった。

「とりあえずグルを取り換え、チベットのグルに乗り換えないと難しいと思った。それぐらい内面の強制力は強い」と法廷で語ったこともある。

ヨーガ教室の「先生」から「教祖」へと変貌した麻

原と、それを支えた弟子たちの関係を、端本は「共同幻想」という言葉で表現した。坂本弁護士一家殺害事件の実行犯に選ばれた側近たちの忠誠心争いが、麻原被告の自尊心を果てしなく肥大化させてしまった——。そんな思いが胸をよぎる、という。

◉再審請求せず

坂本弁護士一家の殺害後、動揺する端本を鎮めるために、麻原が「おまえを選んだのはシヴァ神の示唆だった」「前世でおまえは私の息子だった」と語った、と麻原公判で自ら証言した。教団が製造した「潜水艦」もどきの実験に参加させられ、溺死しかけたこともあった。

「何でここまで虐げられるのか、（麻原を）八つ裂きにしても許せないという気持ちがあった。でも、（自分を）たたきつけてステージを上げようとしてくれるのだという思いもあって……」

教団内でのステージは低かった。周囲から教祖への帰依を疑われた。教団内で「フリーマン」と呼ばれ、不満分子とみなされていたと端本は供述している。

厳禁だった女性の出家信者との付き合いも半ば黙認されていた。不器用な性格ゆえ、法廷で自分の気持ちをうまく表現できなかったり、投げやりとも取られる話し方をしたりすることがあり、被害者や遺族の反発を招いたこともある。弁護人によると、そのことを随分気にしていたらしい。

上告審では、専門家が何度も面会して「教祖のマインドコントロール下にあって指示に逆らえる状態にはなかった」という鑑定書が作成された。最高裁に提出するよりも、再審を請求する時の新証拠として温存していたが、端本は再審を請求することを最後まで拒否した。端本の弁護人は〈本当に事件について反省し、悔いておられました。（略）／再審請求をしようよと何度も彼に言ったのですが、彼は最後まで再審請求をすることを断りました〉（『オウム死刑囚からあなたへ』）と明かした。

井上嘉浩

1969年12月28日生まれ
執行時48歳（大阪拘置所、7月6日）

◉毀誉褒貶《きよほうへん》

オウム真理教の最高幹部の中で最年少だった井上嘉

浩のホーリーネームは、釈迦の最期を看取った高弟・アーナンダ（阿難）にちなむ。入信に導いた信者は1000人とも言われ、信者への強い影響力を有した井上は逮捕後、悩み苦しんだ末に教祖の犯罪を厳しく告発する立場に身を置いた。

1995年の秋、勾留理由開示の手続きの場を利用して、逃走を続ける特別手配犯らに向けて、「救済の手段は間違っていた」とするメッセージを発信したのを皮切りに、公判を通じて信者たちに呼び掛けた。「（勾留理由開示の時の）井上君の発言は、終戦を伝えた天皇の『玉音放送』と同じ意味があったと思う」と語る元出家信者もいたほどだ。

96年3月21日の初公判の時は26歳。どこか幼さが残る顔立ちながら、強い意思を宿した目の力が印象的だった。きゃしゃな身体を黒いスーツに包んで法廷に現れた井上は、3807人という膨大な数の被害者の名前が検察官によって2時間45分かけて読み上げられるのをしっかりと聞いていた。

「私のなしたことは、すべて松本智津夫氏が絶対的に指示するマハームドラーの修行の実践でした」。起訴された10事件について一括して罪状認否をした後、「逮捕以来考え続けてきたことを少し述べさせていただきます」とはっきりした口調で陳述書を読み上げ始めた。

社会の矛盾に憤る感受性の強い青年が、麻原という「怪物」にからめ捕られていく経過や、さらに逮捕後、教祖の呪縛に苦しみながら自分を取り戻していく心の軌跡を赤裸々につづっていると私には感じられた。読み上げる彼の声は、法廷の外にまで聞こえるほど大きかった。

中学生のころから、チベットやインドに興味があった。「オウム神仙の会」の在家信者になったのは16歳の時だ。京都の進学校を卒業後、出家を希望したが、父の説得で都内の大学に入学した。半年で中退し、出家生活に身を投じている。一流大学の大学院を卒業した「学歴エリート」が幹部に登用される中、井上は異色の存在だった。「純粋培養」された若き修行者に対する麻原の期待は大きかった。「天才的修行者」と称えられ、18歳の若さで「大師」に。その後も東京本部道場の支部長など要職を歴任した。

毀誉褒貶が激しかった。法廷に入ると、ばね仕掛けの機械のように深々と裁判官や検察官にお辞儀をした。礼儀正しいと言えばそれまでだが、裁判所などにこびる態度と取れなくもない。地下鉄サリン事件の遺族である高橋シズヱが井上の一審で証言した内容が、検察の論告にある。

〈「教団にいては、被告人は松本に気に入られよう、松本にとっていい子でいよう、きっとそういうふうにして毎日を過ごしていたんだと思います。それで逮捕されて、今度、その対象が弁護人に代わった、裁判所に代わった、そして、そういうところでいい子でいよう、それで拘置所に帰っては、母親に命じて仏壇を作らせ、そこに自分を没頭させる。自分が楽なほうに進もうとしている」〉〈「松本に対して言っていることでも、すごい立派だと思うんです。その言葉が……。まるで演説です。自己陶酔としか私は思いませんでした。だから、被害者に対する言葉というのも、準備して並べて、こうすればわかってもらえるかなとか、美しい言葉を並べているとしか思いません。（被告人が）死刑になることを望んでいます」〉（高橋、前掲書）

遺族の目には、反省の言葉すら独りよがりの宗教への逃避に映った。

97年2月、広瀬、豊田、杉本の3人の公判に証人として出廷した井上は、教団での自分の立場についてかなり率直な証言をしている。

弁護人「あなたは解脱したという意識はあるのか」

井上「基本的には解脱できたという実感はありません。24時間ヨーガの訓練をした影響で精神が敏感になり、研ぎ澄まされた感覚は確かにありました。でも、それが解脱と納得したわけではありません」

弁護人「人のエネルギー状態が分かるというが？」

井上「感覚として感じる程度のことはありました。何がなんでも入信させなくてはいけないという切羽詰まった中で、そういう（エネルギーを見る）ことがちょっと分かるようになった程度です」

弁護人「空中浮揚は？」

井上「できません」

弁護人「教団の出版物に出ているこの写真は？」

井上「クンダリニーが覚醒した時に生じるダルドリー・シッディーと呼ばれる身体の反応で、誰でも起きる。ふわっと浮き上がった程度です」

過大評価が膨らんだ虚像だったのか。自分の役割を小さく見せようとする発言なのか。「諜報省」トップへの就任は「左遷だった」とも証言している。

「自分はこんなにワークを重ねたのに、なんで僕はいつも（教祖から）怒られるのだ、と悲しくなった。毎日が極限の精神状態でストレスの連続だった」

◉信仰を破った怒り

初公判で井上は、「松本智津夫氏に立ち向かい、事実を明らかにすることが私のできる唯一の償い」と言い切った。本名の「松本智津夫」に敬称の「氏」をつけて呼ぶ井上独特の言い回しに、複雑な思いがうかがえる。麻原の関与を明かすことになった動機を問われた井上は、「信仰を破ったのは怒りだった」と証言している。

他の被告の法廷に証人出廷する回数は井上が圧倒的に多かった。それだけ多くの事件にかかわったことの裏返しでもある。記憶を呼び戻そうと考え込む時に出る、井上独特のポーズがある。背筋をぴんと伸ばし、ぐいっと腕組みしたままじっと目をつぶる。かつて、人の心を読もうとする時に瞑想したのと同じポーズのようだ。

その仕草を見ていると、「本当にこれだけの事件に関与したのか」と感じることがしばしばあった。彼の法廷での言動には自己保身の面が確かにあるだろう。しかし、麻原公判に出廷した際、涙で声を震わせながらこう叫んだ気持ちには偽りはないと思う。

「松本智津夫氏が救済者になった時点で、教えが解脱や救済から逸脱してしまった。グルに対して盲目的（証言ママ）に帰依することが浸透した時点でオウムは堕落した。覚醒を求めるなら、最終解脱者も教団も、グルも、正大師も、サマナもいらない。解脱というのはグルのコピー人間になることじゃない」

２０００年６月の一審判決は無期懲役。東京地裁の井上弘通裁判長は、井上を事件の結果全体の責任を負う「共謀共同正犯」と認定したが、「現場指揮者だった」との検察側の主張を退け「後方支援・連絡調整役」と位置付けた。「最も重要な地下鉄サリン事件で実行行為にかかわっていないなど、首謀者や実行行為者と同じ責任まで負わせることはできず、幾分かの躊躇をせざるを得ない」「被告の人間性を見て、生を与える選択をした。宗教に逃げ込むことなく、謝罪の日々を送るように」などと述べ、無期懲役（求刑は死刑）を言い渡した。

「社会性のない16歳で、閉鎖的なカルト宗教に取り込まれた」（弁護人）という特別な事情が、量刑にどれだけ反映されるのか、という点も焦点だった。判決は「麻原被告やそれまでの自己の修行を否定することは自分の社会経験をすべて否定することにつながり、必ずしも容易でなかったことは率直に認めざるを得ない」と弁護側の主張の一部を認めている。

一方で判決は、マインドコントロールによって責任能力の著しい減退を認める具体的なケースとして、「個人が強力な心理的拘束を受け、権威者の指示命令に、命じられたという理由それだけで、唯々諾々と従うような状態にあることを要する」と初めて明示した。

◉カルトの子

午前10時にスタートした一審判決は、主文言い渡しが午後1時を回り、夕刊の締め切り間際だった。法廷での取材は後輩記者に任せ、私は主文を聞いて原稿を差し替える準備をしていた。電話で「無期懲役です」との報告を受け、数分間で予定稿を差し替え、解説を書き直した。判決の瞬間、法廷には「オーッ」というどよめきが起きたという。

閉廷後、井上は証言台につっぷし号泣した。声を上げて嗚咽する井上を裁判長は、「しっかりしなさい。被害者らのことを忘れることなく、特に宗教に逃げ込むな。プライドとか自尊心とか、傲慢さとか、思い上がりとか、被告人が本件にかかわるようになったすべてを捨て去って、一人の素直な人間としての謝罪の日々を送らなければなりません」と諭した。

「人の苦しみを自分の苦しみにするという修行の一つだと思っているから反省が伝わらない。社会経験のないまま出家したから反省する基礎がない」。弁護人は、隔離された拘置所の独房が、皮肉なことに修行に最適の環境になっていると嘆いた。麻原から離れた後は、獄中でチベット仏教に傾倒した。社会を知らずに教団での地位を駆け上がった井上には、反省したくてもできない「カルトの子」の苦しみがあった。生い立ちから逮捕までを振り返り、５０００枚を超える手記を書き上げたが、弁護人から見ると、修行者の視点ばかりが目立ち、心が伝わってこなかったという。

一審判決から4年後の04年5月28日、控訴審判決が下された。事件から9年が過ぎても、まだ34歳の青年である。ほおは少しふっくらしたが、強い意思を宿す目の力は変わりなかった。検察の有力な反証も新しい証拠もなく迎えた控訴審判決で、山田利夫裁判長は

「現場指揮役に近い」と事実認定し、死刑判決とした。井上の役割について、一審には事実誤認があるとした。

検察側の主張通り、「後方支援・連絡調整役」から「総合調整役」に格上げになった。オウムの死刑求刑裁判で一、二審の結論が違ったのは井上だけだ。結論が先にあり、理由を後付けしていったような印象を持たざるを得なかった。生きる望みが打ち砕かれる判決にも、井上の表情、振る舞いは淡々としていた。それは彼が獄中で精神的に成長した証なのか。井上は最高裁に提出した手記で、当時のことを振り返っている。

〈二審判決直後、法廷で父母を見ますと、母は私の名前を無言で叫び顔をくしゃくしゃにして泣いていました。父は悲痛な顔を歪ませてじっと目をつぶっていました。父母の姿が心に焼き付き、思い出すたびに涙がにじんできます。

私は自分のことより両親のことが心配でなりませんでした。そして肉親を突然に亡くされたご遺族の方々の苦しみ、悲しみ、痛みがどれほどのものかをはじめて痛感しました。（略）

一方で、二審判決では一審判決を事実誤認とされて、それを理由に死刑判決が下されたことは信じられないほどショックでした。それは二審の審理ではとりわけ新しい立証もなく、被告人質問ではそもそも事実関係について確認もされず、事実誤認とされた点について弁解する機会すら与えられていなかったからです。

しかしこのことでさえ何の落ち度もないのに命を奪われた被害者の方々の無念さには比較できるものではなく、だまってうなだれるばかりでした〉（井上、「カルトを抜けて　罪と向き合う」）

◉再審協議中に執行

18年3月14日、再審を申し立てたその日に、井上は大阪拘置所に移監された。目黒公証役場事務長の死には直接かかわっておらず、事実誤認による量刑不当を主張していた。新しい主張では、事務長の死亡時刻が変わる可能性があった。東京高裁で進行についての協議が始まり、執行の3日前には2度目の協議が行われ、検察側が新たに中川智正と井上の電話の交信記録を開示することが決まっていた。しかし、法務省はそうした動きも無視した。再審の手続きが始まった段階での執行は、極めて異例だった。

東京新聞（18年7月14日朝刊）によると、執行は午前8時ごろ。大阪拘置所の刑務官から両親に伝えることはあるかと問われ、井上は「お父さん、お母さん、ありがとうございました。心配しないで」と語った。「こんなことになるとは思っていなかった」とも話し、最後の言葉は「まずは、よし」だった。両親には、拘置所から「厳粛な面持ちで執行を受けた」と伝えられたという。

「こんなこと……」とは麻原を信じたが故に死刑の執行を受ける身になってしまったことなのか、再審請求をしている最中なので執行はされないと信じていたからなのか、分からない。

通夜と葬儀は京都市内の寺で営まれた。両親は憔悴し、父親は「(被害者の遺族には)こういう苦しい思いをさせてきたんだろうな」と漏らしたという。

井上の支援者は「カルトを抜けて　罪と向き合う井上嘉浩」というホームページを開設。井上の手記や裁判での意見陳述の内容が公開されている。上告審に向けて書いた手記は、一審の時とは違い、罪に正面から向き合った人でしか書けない深みを感じさせる。「カルトの子」が命に替えて残した証である。事件に関心のある人はぜひ読んでほしい。

■あとがき

オウム真理教の幹部だった死刑囚・無期懲役囚との手紙のやり取りや面会を、１９９８年ごろから続けてきた。法廷で立ち尽くす彼らの姿を見て、自分と違う世界の人たちと割り切ることができず、直接、肉声を確かめたかったからだ。交流を深めれば深めるほど、私と彼らの立場が入れ替わっていても不思議ではないという思いを強くした。違いは麻原と出会ったか、出会わなかったか、の差に過ぎないように思えた。

死刑が確定すると、手紙のやり取りや面会はできなくなり、彼らの消息は10年以上つかめなかった。そして、２０１８年7月6日と26日に死刑が執行された。いつかは来ると予期してはいたが、衝撃は大きかった。20年以上を東京新聞社会部で過ごし、多くの修羅場を踏んできたつもりだが、腕の震えを止められなかった。彼らと交流し、断続的に裁判の取材を続けてきた者として、自分なりの視点でこの事件を捉え直したいという気持ちが強くなった。

旧知の編集者の池田千春さんに相談したところ、ぜひやりましょうと快諾していただいた。池田さんの原稿への指摘は厳しく何度も書き直したが、その分、わかりやすくなったのではないか、と感謝している。校正を担当していただいた方々にも大変お世話になった。また、三村漢さんは落ち着いた装幀をデザインしてくれた。

渡辺学教授（南山大学人文学部）には、研究室で作成したオウム真理教に関するデジタルアーカイブの利用を許可していただいた。アーカイブが利用できなければ、資料の収集、確認だけでも膨大な時間を要し、この時期に本書の刊行はできなかったに違いない。また、原稿に目を通して、重要な指摘をいくつもしていただいた。

山形刑務所で服役している杉本繁郎氏は、私の質問の手紙に何度も丁寧に答えてくれた。出家番号4番の古参幹部のみが知るような、驚くべき事実が少なくなかった。杉本氏の協力がなければ本書は書けなかった。

地下鉄サリン事件で夫の一正さんを亡くした高橋シズヱさんには、18年7月の死刑執行から間もない時期にインタビューし、東京新聞の紙面で紹介した。本書でもそのインタビュー内容を中心に盛り込んだ。20年近く前からメディア横断的な「犯罪被害者の話を聴く勉強会」でご一緒してきた。犯罪被害者の方々が取材に対して抱いている思いなど、多くのことを学ばせていただいた。また、ジャーナリストの江川紹子さんには、資料の提供の労を取っていただいた。

右に挙げた皆さんに、この場を借りて重ねて感謝を申し上げたい。

死刑を執行された麻原の弟子の多くは、死を覚悟して日々を過ごしていたと思う。しかし、実際に刑務官から突然、執行すると告げられた時の衝撃や、刑場に連行され執行に臨まんとする時の胸中を察すると、胸が張り裂けそうになる。7月26日に執行された6人は、

6日以降、ただ執行を待つだけとなった。国家は残酷だ。

麻原以外は破壊的カルトの「生き証人」として、生きて証言してほしかった。事件に巻き込まれて亡くなったすべての人たちの冥福を祈る。

2019年初夏　瀬口晴義

◉参考文献

麻原彰晃『超能力「秘密の開発法」すべてが思いのままになる!』大和出版、1986年
梓澤和幸『報道被害』岩波新書、2007年
アンソニー・トゥー『サリン事件死刑囚　中川智正との対話』KADOKAWA、2018年
内田樹・釈徹宗『現代霊性論』講談社、2010年
島田裕巳『オウム　なぜ宗教はテロリズムを生んだのか』トランスビュー、2001年
上祐史浩・有田芳生(検証)『オウム事件　17年目の告白』扶桑社、2012年
瀬口晴義『検証・オウム真理教事件』社会批評社、1998年
高島淳　論文「タントリズムとオウム真理教」『宗教と社会』別冊96年ワークショップ報告書、1997年3月
高橋シズヱ『ここにいること——地下鉄サリン事件の遺族として』岩波書店、2008年
竹内明『完全秘匿　警察庁長官狙撃事件』講談社+α文庫、2016年
富田隆『オウム真理教元幹部の手記』青林堂、2018年
中島尚志『オウムはなぜ消滅しないのか』グッドブックス、2015年
早川紀代秀・川村邦光『私にとってオウムとは何だったのか』ポプラ社、2005年
林郁夫『オウムと私』文藝春秋、1998年
林久義『オウム信者脱会カウンセリング　虚妄の霊を暴く仏教心理学の実践事例』ダルマワークス、2015年

原雄一『宿命　警察庁長官狙撃事件　捜査第一課元刑事の23年』講談社、２０１８年
広瀬健一『悔悟　オウム真理教元信徒　広瀬健一の手記』朝日新聞出版、２０１９年
広瀬健一『オウム真理教元信徒の手記』円光寺、２００９年
藤田庄市『宗教事件の内側――精神を呪縛される人びと』岩波書店、２００８年
降幡賢一『オウム裁判と日本人』平凡社新書、２０００年
降幡賢一『オウム法廷⑩　地下鉄サリンの「実行犯」たち』朝日新聞社、２００２年
村上春樹『アンダーグラウンド』講談社、１９９７年
森達也『Ａ３』集英社インターナショナル、２０１０年
渡辺学『オウムという現象――現代社会と宗教――』晃洋書房、２０１４年
ＮＨＫスペシャル取材班編著『未解決事件　オウム真理教秘録』文藝春秋、２０１３年
カナリヤの会編『オウムをやめた私たち』岩波書店、２０００年
河出書房新社編集部編『オウムと死刑』河出書房新社、２０１８年
年報・死刑廃止編集委員会編『年報・死刑廃止2018　オウム死刑囚からあなたへ』インパクト出版会、２０１８年

瀬口晴義（せぐち・はるよし）
1964年生まれ。東京新聞記者。87年に中日新聞入社。東京新聞社会部で司法記者を長く担当。95年3月の地下鉄サリン事件以降、オウム真理教事件の報道にかかわり、元信者や刑事裁判の取材、死刑囚、無期懲役囚との面会や手紙のやり取りを重ねてきた。2009年8月から13年10月まで、東京新聞の朝刊一面コラム「筆洗」を担当。戦後70年の2015年には、金子兜太といとうせいこうを選者とした「平和の俳句」を企画、担当した。著書に『人間機雷「伏龍」特攻隊』（講談社）、『検証・オウム真理教事件』（社会批評社）ほか。

オウム真《しん》理《り》教《きょう》 偽《いつわ》りの救《きゅう》済《さい》

2019年6月30日 第1刷発行

著　者　瀬《せ》口《ぐち》晴《はる》義《よし》
発行者　日野義則
発行所　株式会社 集英社クリエイティブ
〒101-0051
東京都千代田区神田神保町2-23-1
電話　03-3239-3813
発売所　株式会社 集英社
〒101-8050
東京都千代田区一ツ橋2-5-10
電話　03-3230-6393（販売部・書店専用）
03-3230-6080（読者係）

印刷所　凸版印刷株式会社
製本所　ナショナル製本協同組合

ISBN978-4-420-31083-3 C0095